MÉMOIRE
SUR
LES TROIS PLUS FAMEUSES SECTES
DU MUSULMANISME,

LES WAHABIS, LES NOSAÏRIS ET LES ISMAÉLIS;

Par M. R****** (Rousseau)

Correspondant de l'Institut Royal, et Associé de l'Académie des Sciences, Belles-Lettres et Arts de Marseille.

Les Prophéties et les sectes religieuses ont été plus communes chez les orientaux à cause de l'enthousiasme.
VOLTAIRE, *Essai sur les mœurs et l'esprit des nations.*

A PARIS,
Chez A. NEPVEU, libraire, passage des Panoramas,
N.° 26.
Et à MARSEILLE,
Chez MASVERT, libraire, sur le Port.

1818.

AVANT-PROPOS.

Les trois Notices qu'on va lire ont déjà paru, la première à la suite d'une description du Pachalik de Bagdad, imprimée en 1809, et les deux autres dans un des numéros du Magasin Encyclopédique de l'année suivante.

En faisant réimprimer aujourd'hui ces faibles essais, avec des changemens et des additions considérables, nous sommes obligés de répondre cathégoriquement aux objections de M. C✶✶ qui s'est cru en droit de nous contester la propriété des renseignemens sur les Wahabis, pour les avoir publiés avant nous dans le moniteur de 1804.

Voici le fait. M. C✶✶ avait obtenu ces renseignemens de *Didagos-Frandjié* (1) qui les tenait lui-même de nous. Ce chrétien maronite d'Alep dut, par pure vanité, lui laisser ignorer la source d'où ils provenaient; et c'est ce qui a, sans doute, donné lieu à l'erreur de notre collègue, dont, après tout, nous connaissons assez la loyauté et la franchise, pour ne pas l'accuser d'injustice envers nous.

M. C✶✶ s'est appuyé du témoignage d'un membre de l'Institut pour constater l'identité de son Précis Historique, inséré dans le moniteur, avec la Notice sur les Wahabis (2). C'est précisément sur cette identité que se trouve établie notre justification, qu'un autre membre de la même société a, dans le tems, reçue et approuvée.

Didagos-Frandjié a lui-même confirmé ce que nous venons d'avancer par une déclaration authentique qui fut envoyée en 1810 à Paris. D'ailleurs, son mémoire en arabe sur les Wahabis, rédigé comme il le confesse, d'après nos propres observations, est entre les mains de plusieurs personnes d'Alep; et il suffirait de le lire

---

(1) M. C✶✶ qui l'appelle *Diego Frangé* (v. l'av. prop. de son histoire des Wahabis, p. vij.), dit bien que ce chrétien maronite lui a communiqué des détails fort intéressans à leur sujet; mais il oublie d'ajouter que ce sont précisément ceux qu'il a fait insérer dans le moniteur de 1804.

(2) V. le même avant-propos, p. iij.

comparativement avec le précis historique de M. C**, pour se convaincre que ce dernier morceau ne contient rien qui n'en soit tiré mot-à-mot.

Au surplus, nos anciennes et longues relations avec Bagdad, Bassora et Mascate, ainsi qu'avec les Arabes de Bahréin, du Nedjede, et même du Dréié, jointes aux connaissances locales et aux facilités de tout genre que devait nous avoir acquises un séjour de plus de vingt ans dans ces contrées reculées de l'Asie, prouvent déjà suffisamment que nous étions bien plus à portée que M. C * * de recueillir les renseignemens en question, et auxquels nous n'aurions sans doute attaché aucune importance, s'ils n'étaient devenus l'objet d'une réclamation publique.

Nous regrettons extrêmement de nous être trouvés, malgré nous, en opposition avec un collègue dont nous avons toujours eu à cœur de mériter l'estime et la bienveillance : cette opposition involontaire nous peine d'autant plus, que c'est à la réticence, pour ne pas dire la mauvaise foi de *Didagos - Frandjié*, qu'il faut en attribuer, comme nous l'avons dit, la véritable et unique cause.

Toutes ces informations auraient dû en emmener d'autres au sujet de M. Raymond, dont parle M. C** (3), et qui, à la même époque, s'est, de son côté, fort mal-à-propos avisé de réclamer une partie des notions que renferme la description du Pachalik de Bagdad ; mais comme il n'a donné aucune publicité à ses prétentions, la bienséance exige que nous les mettions tout-à-fait en oubli. Il est bon cependant qu'il sache que nous nous proposons de publier incessamment une nouvelle édition corrigée et augmentée de cet ouvrage, dont la rédaction date, comme il doit se le rappeler, de l'époque même où nous eûmes le plaisir de l'accueillir chez nous à Alep.

Nous allons détailler maintenant les changemens et les additions qui font de notre notice sur les Wahabis, un précis historique plus achevé, et par conséquent plus digne du suffrage des deux illustres Académiciens dont l'un voulut bien être l'éditeur de cette notice en 1809, et l'autre en rendre compte dans le magasin encyclopédique du mois de septembre de la même année.

1.° Cette notice a été refondue toute entière et corrigée soigneusement. 2.° Nous y avons joint le premier sup-

---

(3) Ibid, p. vij.

plément qui fut publié en 1810 dans le XL cahier des annales de la géographie et des voyages. 3.º Ce supplément est lui-même augmenté d'un tableau des possessions territoriales de l'émir Seoûd, dont on retrouvera les détails parmi les notes qui accompagnent l'ouvrage de M. C** (4). 4.º Vient ensuite un précis tout neuf sur l'origine et les conquêtes des Wahabis jusqu'en 1224 de l'hégire; morceau très-curieux, que nous avons rédigé à Alep, d'après un manuscrit original reçu de Dréïé. 5.º A ce morceau succèdent des remarques particulières sur les mœurs et les usages des mêmes sectaires, avec une description abrégée du désert et des animaux qu'il nourrit. 6.º Enfin une relation succincte des derniers événemens de leur histoire militaire jusqu'à la prise de la Mecque et de Médine par l'armée d'Egypte, termine la notice et sert en quelque sorte à la compléter.

Voilà ce que nous avions à dire sur la première partie de notre travail; la seconde a pour objet, comme son titre l'annonce, deux autres sectes qui, dans les commencemens de l'Islamisme, ne se rendirent pas moins célèbres par leur fanatisme religieux et par leurs conquêtes. Dès l'année 1810 nous avions envoyé, à Paris, un mémoire à leur sujet: c'est ce même mémoire qui reparaît ici avec quelques changemens.

Outre les notes et les éclaircissemens qui accompagnent cette nouvelle édition, nous y avons joint encore une table alphabétique des matières, destinée à faciliter les recherches dont l'ouvrage pourrait devenir l'objet.

Nota. — On trouvera sans doute que notre manière d'orthographier les mots arabes n'est pas à beaucoup près la même que celle de la plupart des orientalistes modernes; mais aussi on concevra aisément que cette différence ne mérite aucune attention dans un ouvrage du genre de celui-ci, où il ne s'agit nullement de se conformer aux règles d'une prosodie étrangère, établie par pure convention. C'est pourquoi, sans nous arrêter à des remarques aussi minutieuses que déplacées, nous nous bornerons à observer que nous avons cru pouvoir: 1.º substituer quelques fois à l'expression *Wahabi* celle de *Wahabien* (on la trouvera plus souvent employée au féminin), qui en est l'équivalente dans notre langue; 2.º écrire *Caravanne* avec deux *n*, parce que dans l'usage habituel, on fait sentir la consonne finale de ce mot, qui est Persan; 3.º et conserver au nom du Prophète des musulmans sa prononciation vulgaire de *Mahomet*; afin qu'on ne le confondît pas avec celui du fondateur de la secte des Wahabis.

(4) V. l'Histoire des Wahabis, p, 176 et 214.

TABLE

Des Articles contenus dans ce Mémoire.

Les Wahabis . . . . page 1.

Extraits de diverses lettres écrites d'Alep et de Bagdad, dans le courant des années 1804, 1805, 1806 et 1807. . . 13.

Nouveaux renseignemens sur les opérations militaires des Wahabis, depuis 1807 jusqu'au milieu de 1810, etc. etc. 18.

Tableau des possessions territoriales de l'émir Seoüd, prince actuel des Wahabis; suivi d'une courte notice sur la personne et la capitale de ce prince arabe, dressé d'après...etc. etc. . . . . 23.

Précis historique sur l'origine du Wahabisme et sur les expéditions militaires de Scheikh - Muhammed, d'Ibn-Seoüd d'Abd-il-Aziz et de Seoüd, jusqu'en 1224 de l'hégire (1810); rédigé d'après un manuscrit original reçu de Drëié même, etc. etc. . . . . 27.

Remarques sur quelques coutumes particulières des Wahabis, sur leurs habillemens, meubles, occupations, etc. etc. avec une description abrégée du désert et des animaux qu'il nourrit. . . . . 36.

Relation des dernières campagnes des Wahabis pendant les années 1811, 1812 et 1813. — Prise de la Mecque et de Médine par les armées Égyptiennes. — Révolte des Arabes de Bahreïn. — Rétablissement de Mascate dans son ancienne indépendance. . . . . 46.

Les Nosaïris et les Ismaélis. . . . . 51.

Les Ismaélis. . . . . ib.

Les Nosaïris. . . . . 58.

Nota. Avant de commencer la lecture de cet ouvrage, il serait nécessaire de jeter un coup-d'œil sur l'*errata* qui se trouve à la fin.

MÉMOIRE.

LES WAHABIS.

> Tôt ou tard ils convertiront à leur doctrine les tribus arabes qui habitent la Syrie et le Pachalik de Bagdad; et augmentant leurs forces de celles de ces tribus, ils se formeront un empire qui pourra rivaliser avec presque toutes les souverainetés de l'Asie.
> M. B. du B. Magasin encyclopédique de septembre 1809.

Il y a un demi-siècle que les Wahabis, dont on doit considérer la secte dans son état actuel comme le noyau d'une puissance formidable pour l'avenir, étaient à peine connus des nations limitrophes de leur pays. Niebuhr, Pages et d'autres voyageurs les avaient dépeints sous les traits peu avantageux d'une misérable peuplade de déistes relégués au fond de l'Arabestan. C'est pourtant cette peuplade si obscure dans son origine, qui après avoir pris des accroissemens successifs, est enfin parvenue au dégré de prépondérance où nous la voyons aujourd'hui, qu'elle commence à répandre avec sa renommée l'effroi et la consternation jusqu'aux confins du Djéziré et de la Syrie.

Quand on vient à examiner les dogmes, la vie austère et turbulente, l'ambition démesurée et le fanatisme religieux des Wahabis, on est porté à croire qu'ils descendent des anciens *Karmates*, peuple féroce et sanguinaire qui, sous les Khalifs Abassides, s'était rendu le fléau du musulmanisme et la terreur de l'empire Arabe. En renvoyant le lecteur pour l'histoire de ceux-ci à la bibliothèque orientale de d'Herbelot, nous nous bornerons à dire que les premiers, non moins avides et aussi cruels, animés d'ailleurs par ce sentiment de grandeur et de supériorité qui fait tout entreprendre et oser, semblent s'appliquer, depuis qu'ils figurent dans le tableau des nations de l'Asie, à marcher sur leurs traces belliqueuses et à reculer de plus en plus les limites d'une croyance et d'une domination qu'ils ont fait revivre par le fer et la flamme: aussi leurs progrès dans le chemin des conquêtes, ne laissent-ils aucun doute sur l'invasion générale qu'ils méditent.

C'est dans la province du *Yémen*, le berceau commun de toutes les races arabes, qu'on vit renaître de ses cendres la secte des Karmates, qui n'a fait que changer de nom en prenant celui du père de son restaurateur. Ce dernier s'appelait *Schéikh-Muhammed*, et était fils d'*Abd-il-Wahab*, et petit-fils de *Suléiman*. Il appartenait à la tribu des *Nedjedis* (branche de la horde de *Témim*), et réunissait l'audace et la prudence au grand art de persuader ses semblables, en prenant avec eux ce ton d'autorité qui subjugue et entraîne les esprits vulgaires; art essentiel à tout législateur qui veut régénérer sa nation et exercer sur elle un pouvoir absolu. Suivant la tradition commune, Suléiman, qui était de la race des *Séids* ou descendans du Prophète, ayant vu en songe sortir de son nombril une flamme dont la lueur se répandait au loin dans le désert et en couvrait les habitations, s'éveilla en sursaut et courut demander l'explication de son rêve à ceux qui se mêlaient de prédire les événemens futurs. Les devins lui annoncèrent qu'il lui naîtrait un fils doué des plus grandes qualités, lequel convertirait les peuples, et deviendrait le chef d'une religion nouvelle, et le fondateur d'un puissant empire. La prédiction s'est en effet accomplie non pas dans *Abd-il-Wahab* son fils, mais dans son petit-fils *Schéik-Muhammed*.

Ce rêve, réel ou supposé, avait produit quelqu'impression sur l'esprit faible et crédule des Arabes. Schéikh-Muhammed sut en profiter pour accréditer sa prétendue mission. Il débita des fables, contrefit l'homme inspiré, captiva, par ses dehors imposans, l'attention publique, et réussit enfin à se faire regarder comme un personnage destiné à opérer une grande révolution.

Les dogmes qu'il enseignait étaient puisés dans le *Koran* même, livre dont il confirmait l'origine céleste, mais qu'il interprétait suivant ses vues ambitieuses, en rejettant les traditions reçues parmi les musulmans. Quant à *Mahomet*, il n'en faisait qu'un simple sage, un élu qui fut, disait-il, sur la terre l'organe de la volonté divine, et dont la mémoire ne devait inspirer aucune vénération, parce que la mort l'avait fait rentrer dans la classe des hommes ordinaires; en conséquence, il défendit qu'on lui adressât des prières, et proscrivit avec la même sévérité les hommages rendus aux prophètes des juifs et des chrétiens; annonçant que le souverain Auteur de toutes choses, offensé de l'espèce de culte que les peuples vouaient à des créatures sorties de ses mains, l'avait envoyé vers eux pour les ramener dans la voie du salut. Il ajouta que ceux qui ne profiteraient point de ses instructions salutaires devaient être regardés comme des impies, dignes de tous les supplices, attendu qu'ils outrageaient la majesté du vrai Dieu, en lui associant des êtres que sa Toute-Puissance seule a daigné tirer du néant.

En commençant sa carrière prophétique par des exhortations secrètes, Schéikh-Muhammed gagna quelques prosélytes; mais leur nombre était circonscrit dans les étroites limites de sa tribu. Il sentit qu'il avait besoin de l'appui d'un chef puissant et riche pour consolider son ouvrage. A cet effet, il se mit en voyage, et parcourut plusieurs villes du Hedjaze, de la Syrie et de l'Irak, entr'autres *Mekké* (la Mecque), Damas, Bagdad et Bassora, où il n'essuya que des refus ignominieux et de mauvais traitemens. Il visita avec aussi peu de succès les nations nomades du Nedjede et du Yémen: il fut partout rejeté et couvert d'opprobre; de manière que las et rebuté de toutes ces courses infructueuses, il était sur le point de renoncer entièrement à son projet, lorsque le hasard le conduisit auprès d'*Ibn-Seoûd*, prince du *Drëïé* et de *Lahsa* (1), lequel l'accueillit avec intérêt, goûta ses idées de réforme, et devint, comme on le verra, le principal arc-boutant du Wahabisme.

Arrêtons-nous un instant à tracer le portrait d'Ibn-Seoûd, et voyons quel était le peuple à la tête duquel il se trouvait lorsque Schéikh-Muhammed s'adressa à lui.

Ce prince arabe réunissait toutes les passions fougueuses qui, à travers les vicissitudes de la vie humaine, conduisent souvent des gens obscurs, mais entreprenans et audacieux, au plus haut degré

---

(1) *Deux grandes provinces de l'Arabie supérieure, qui s'étendent depuis les frontières du* Nedjede *jusqu'aux bords du golfe persique, et dont les chef-lieux portent les mêmes noms.*

d'illustration. Sa bravoure et ses autres qualités guerrières s'étaient déployées dans plus d'une circonstance périlleuse, et lui avaient acquis l'estime et l'admiration des Arabes de sa tribu, qui se rattachait à celle des Nedjedis, la même qui avait vu naître dans son sein le grand-père de Schéikh-Muhammed. Cette tribu se trouvait depuis quelques années extrêmement affaiblie par les guerres sanglantes qu'elle avait eu à soutenir contre des voisins ambitieux et injustes. Elle avait besoin d'un chef capable de la relever de ses désastres. Ce chef fut Ibn-Seoûd : fort de la confiance qu'il lui avait inspirée, il prit en main les rênes de ses destinées; et après lui avoir donné pour ainsi dire une nouvelle existence, il parvint sans peine à la faire plier sous son autorité. Il s'assujétit avec la même facilité les *Atoubs* et les *Anazés*, deux autres tribus aussi réduites que la précédente, à laquelle il les incorpora pour en former une seule et même horde. Une multitude d'autres familles isolées et errantes vinrent tour-à-tour se joindre au nouveau peuple, attirées par la réputation de son *Emir* (prince); si bien que ces accroissemens continuels de population et de force le mirent insensiblement en état d'envahir les terres adjacentes : bientôt on le vit pousser plus loin ses conquêtes et en moins de douze ans, il devint assez puissant pour faire la loi à ceux même qui l'avaient d'abord méprisé.

Ibn-Seoûd voulait cimenter, par des innovations religieuses, l'empire qu'il avait fondé; Schéikh-Muhammed aspirait de son côté à consacrer par la force des armes la secte dont il était devenu le chef. Il importait donc à l'un comme à l'autre d'unir leurs intérêts et de se prêter mutuellement la main pour atteindre à ce double but. Le premier, qui professait déjà, autant par politique que par conviction, les dogmes du second, les fit adopter à ses sujets, que celui-ci ne tarda pas à enflammer du désir des conquêtes, en leur offrant, dans l'invasion générale de l'Arabestan qu'il fallait disait-il, purger, des crimes de l'idolâtrie, les lauriers de la victoire, mêlés aux palmes du martyre.

Ce fut à cette époque que les musulmans reformés prirent, comme nous l'avons dit, le nom de *Wahabis* de celui d'Abd-il-Wahab, père de Schéikh-Muhammed qui fut déclaré, à l'unanimité des suffrages, *Imam* ou pontife suprême de la secte. Ibn-Seoûd en était déjà l'émir : de là s'ensuivit entre les deux chefs le partage naturel de l'autorité en spirituelle et temporelle; partage qui s'est conservé depuis parmi leurs descendans.

C'est ici le lieu de remarquer qu'il existe un ouvrage curieux, dont nous avons eu occasion de lire quelques fragmens à Bagdad, intitulé *Dialogue entre Schéikh-Muhammed et Ibn-Seoûd*, et qui a pour auteur un certain *Schéikh-Mulhèm* de Zobéir; ouvrage qui réunit le double intérêt de faire connaître le caractère de ces deux hommes célèbres, et de donner une juste idée de la croyance et des mœurs du peuple qu'ils ont illustré. On y voit le premier déployer cette éloquence mâle et persuasive, si efficace dans la bouche de tout *enthousiaste* séduit par ses propres idées de grandeur. Lorsque, surtout, on est à l'endroit où, d'un côté il rappelle au prince du Dréié la noble origine et l'ancienne prépondérance des Arabes, leur bravoure, leurs conquêtes passées, et ce qu'ils sont capables de faire encore sous l'influence d'une heureuse réforme, et que de l'autre il lui dépeint l'état d'inertie où languissent la Turquie et la Perse, toutes deux incapables d'arrêter le cours des destinées de la nouvelle secte, on croit entendre Mahomet lui-même entretenir Zopir de ses hautes pensées et lui dire : (2)

Je suis ambitieux ; tout homme l'est sans doute ;
Mais jamais roi, pontife, ou chef, ou citoyen
Ne conçut de projet aussi grand que le mien.
Chaque peuple à son tour a brillé sur la terre ;
Par les lois, par les arts et surtout par la guerre.
Le tems de l'Arabie est à la fin venu :
Ce peuple généreux trop long tems inconnu,
Laisse dans les déserts ensevelir sa gloire !
Voici les jours nouveaux marqués par la victoire !
Vois du nord au midi l'univers désolé,
La Perse encor sanglante et son trône ébranlé,
L'Inde esclave et timide et l'Egypte abaissée ;
Des murs de Constantin la splendeur éclipsée....
. . . .
. . . .
Sur les débris du monde élevons l'Arabie !
Il faut un nouveau culte ; il faut de nouveaux fers !

Revenons à notre sujet principal. Drëie devint la capitale du naissant empire. Ce fut-là qu'Ibn-Seoûd en mettant à profit les inclinations belliqueuses d'un peuple qui sentait déjà sa force, et ne demandait que des ennemis à combattre pour les en accabler, s'occupa des moyens de réaliser ses vastes projets d'agrandissement. Les mœurs agrestes, le tempéramment robuste, le courage, l'avidité et le fanatisme des *Wahabis* lui en garantissaient déjà le succès : il les partagea en *Djamâs* ou légions ; les accoutuma à toutes sortes de privations, entretint leur ardeur par des courses continuelles, les arma de lances et de fusils à mêche, et les fit monter deux à deux sur des dromadaires agiles et dressés aux marches les plus longues et les plus pénibles. C'est avec de pareils soldats qu'il commença ses expéditions militaires, dont le bruit ne tarda pas à retentir jusqu'aux extrémités les plus reculées de la péninsule qu'il lui fallait soumettre toute entière, avant de songer à porter au dehors ses armes victorieuses.

» Voulez-vous, disait-il à ses troupes, acquérir des richesses » immenses, et vous rendre redoutables aux nations de la terre ? » Osez mépriser la mort ; les rois trembleront devant vous, et » vous seuls ne craindrez personne ». Schéikh-Muhammed les haranguait à son tour en ces termes : » Le Tout-Puissant combat » avec vous : il a juré d'exterminer les infidelles ; continuez à

---

(2) *Voltaire : Mahomet, acte II, sc. V.*

» accomplir ses saints commandemens ; il vous fera triompher
» partout : vous trouverez ici-bas la récompense de vos travaux
» dans les dépouilles de l'ennemi, et là-haut les jouissances éter-
» nelles que vous aura méritées une constante ardeur à marcher
» sous les bannières de la religion ».

Comment eût-on pu résister à ces armées de fanatiques qui affrontaient le danger des combats avec un courage d'autant plus irascible, que la mort qu'ils y cherchaient leur paraissait un moyen assuré pour entrer dans le séjour des bienheureux.

Ce fut au milieu de ces réglemens et de ces projets de conquêtes, et après en avoir exécuté une partie, qu'Ibn-Seoûd descendit au tombeau, laissant à son fils, qui lui succéda, un chemin tout frayé qui devait le conduire à la domination universelle de l'Arabestan. Ce dernier nommé *Abd-il-Aziz* ne manquait ni de bravoure, ni d'habileté à profiter des dispositions de ses sujets ; il marcha donc à grand pas vers ce but, et parvint à réduire à l'obéissance toutes les tribus qui n'avaient pas encore subi le joug Wahabien.

Rien d'aussi prompt et d'aussi efficace que la manière de combattre des Wahabis : *croire ou mourir*, voilà leur devise, la même que celle qu'avait Mahomet dans la bouche lorsqu'il tenait le Korân d'une main et le sabre de l'autre. Telle était la sommation que faisaient ces sectaires aux tribus et aux villes qu'ils attaquaient à l'improviste : en arrivant sur leur territoire, ils leur signifiaient par l'organe d'un héraut d'armes, les conditions auxquelles elles devaient souscrire, avec menace de les passer au fil de l'épée, si elles osaient les rejeter. Souvent aussi le parlementaire se trouvait porteur d'une lettre de l'émir, ainsi conçue : » Abd-il-Aziz aux
» enfans de . . . . salut : je vous envoie le livre sacré ;
» croyez-y ; ne soyez pas du nombre de ceux qui en ont perverti
» le texte, et qui donnent un compagnon à Dieu ; il faut vous
» convertir, ou bien attendez-vous à périr par le fer vengeur que
» le ciel a mis dans ma main pour en frapper les idolâtres ». La moindre résistance qu'elles opposaient à ce langage impérieux leur devenait funeste : on faisait main-basse sur elles, et leurs richesses étaient livrées au pillage. Si au contraire, elles se rendaient à discrétion, alors Abd-il-Aziz leur donnait un gouverneur, et non content d'exiger, suivant la loi, la dîme de tout ce qu'elles possédaient, il étendait encore cette taxe aux individus même ; ensorte que sur dix nouveaux convertis, il y en avait toujours un qui était obligé de servir gratuitement dans ses armées.

Ce terrible système d'un envahissement général se développait chaque jour avec une effrayante célérité. Les *Bedous*, ainsi que les *Hadaris*, c'est-à-dire, les Arabes nomades et ceux des villes, perdant tout espoir d'indépendance, durent chercher tour-à-tour leur salut dans une prompte soumission ; et bientôt presque tout l'Arabestan ne reconnut plus d'autres lois que celles d'Abd-il-Aziz.

C'est ainsi que ce prince arabe amassa, en peu de tems, des trésors immenses, et se vit à la tête d'une grande nation toute composée pour ainsi dire de combattans dressés à l'école du brigandage, et dont les essaims dévastateurs étaient toujours prêts à fondre sur les lieux où son ambition insatiable les appelait à se livrer aux excès de l'intolérance religieuse et de la cupidité. Dès-lors la plus petite armée Wahabienne fut composée de cinquante mille *Mardoufas*, c'est-à-dire cent mille hommes montés deux à deux sur des dromadaires.

Avant de passer outre, nous jetterons un coup-d'œil rapide sur les tribus arabes qui ont embrassé le Wahabisme, et dont l'exemple entraînera probablement tôt ou tard celles qui jusqu'à présent, à l'abri des formidables atteintes de ses sectateurs fanatiques, hésitent de l'adopter, moins peut-être par un véritable attachement à la doctrine qu'elles ont sucée avec le lait, que par l'attrait du repos et de la vie indépendante qu'elles mènent sous le beau ciel de la Mésopotamie. Mais comme il serait impossible de faire un dénombrement exact de toutes ces peuplades dont fourmille le désert, nous nous bornerons à n'en indiquer que les plus remarquables dans le tableau suivant, dressé par ordre alphabétique (3).

Abou-Faradje	Eslèm	Mahionb	Rumah
Abou-Tarabische	Eteïfat	Malhouz	Sabahat
Adjadjeré	Eubeudé	Mâné	Sáda
Adjlan	Eubeuré	Masrouk	Salatin
Afarid	Eureufé	Meân	Salem
Agagueré	Fedân	Meadin	Schâr
Aoûf	Fedhoul	Mehafidh	Schéhir
Arab-Djezlé	Fegueré	Mekhateré	Schehlan
Arab-Schohl	Fehedé	Melihan	Schsmeïlat
Awad	Feleté	Mellouha	Schemlan
Awacem	Fouéres	Menacebé	Schemous
Aziz	Ghereïban	Mendilé	Schemsi
Béyâyé	Ghubein	Messalikh	Seaidan
Béli	Gueschasché	Meteté	Sebâ
Bedour	Hafian	Messekhé	Sebhan
Buaidje	Hallaf	Moûladje	Segour
Buâir	Hamdan	Mudjabemé	Segueré
Buraidje	Hamamedé	Muhaied	Sehebé
Dakhil	Hanatis	Muhawel	Seleté
Déhahebé	Harb	Mulhed	Seméid
Dehamesché	Hasné	Mulhem	Seradjié
Dekhéilan	Hassacené	Mûmeré	Serri
Deléim	Hawlat	Muni	Selait
Délemé	Hekesché	Murad	Senadid
Démalekhé	Horéiré	Muraghbenin	Souahelé
Derân	Hucené	Muscheté	Souéidi
Dhafir	Hudéib	Mussarebé	Soualehé
Djaeem	Huméid	Mutarefé	Soualemé
Djâfar	Hutéimi	Mutayer	Souki
Djeblan	Keschoum	Mutschateré	Subhi
Djedëé	Khaled	Nafé	Tabet
Djedelé	Khedellat	Nedjedi	Teghairat
Djekhéidem	Khémaili	Nedjm	Temim
Djemil	Khemas	Oréif	Tcheteré
Djerbé	Khemedé	Radhi	Turéihi
Djerfé	Khersa	Rebâ	Turaische
Djifl	Kherareeé	Rebschan	Twourmé
Djohéiné	Kheschebé	Redjeléin	Wehond
Djullas	Khesredje	Reslan	Wouldé
Douameré	Khumsi	Ressalin	Zéid
Douéischan	Khuréici	Roualé	Zégarid
Etteïm	Kewakebé	Rous	Zubéid
Emour	Lebéilat	Rufai	Zubéin.

(3) La plupart de ces tribus se rattachent à l'immense horde

Arrêtons-nous maintenant à examiner plus particuliérement les dogmes, les mœurs et les coutumes des Wahabis. On doit avoir déjà remarqué que la croyance de ces sectaires n'a d'autre fondement que l'islamisme même, ramené à sa pureté primitive, et qu'en refusant à Mahomet toute espèce de vénération, ils se contentent de le regarder comme un simple sage, un homme vertueux, aimé du Très-Haut, et choisi par lui pour enseigner ses volontés aux hommes ; aussi se bornent-ils à cette courte profession de foi : *Il n'y a d'autre Dieu que Dieu*, laquelle n'est que la première partie de celle des musulmans, qui y ajoutent : *et Mahomet est son Prophète*. On a vu encore que les Wahabis, en admettant le Korân dans son entier, n'ajoutent aucune foi aux traditions tant orales qu'écrites de ceux-ci ; du reste ils sont circoncis comme eux et observent les mêmes pratiques, telles que la prière, les ablutions, le jeûne du radaman etc. etc. ; mais leurs mosquées n'offrent aucune espèce de décorations : on n'y voit pas même des *minarets* et des *dômes* : un imam y lit, aux heures accoutumées, quelques passages du Korân, et chacun s'acquitte des devoirs de la religion, sans que le nom de Mahomet soit prononcé par qui que ce soit.

Il est reconnu que les Wahabis haïssent les chrétiens et les juifs beaucoup moins que les musulmans : voici le raisonnement qu'ils font à cet égard » ceux-là, disent-il, suivent à la lettre les livres » que Dieu leur a donnés : ils ne sont donc pas aussi coupables que » les derniers qui ont non-seulement perverti le texte du leur ; » mais inventé encore mille traditions absurdes, et des cérémonies » superstitieuses, toutes contraires à l'esprit de la religion pri- » mitive ; ce qui doit les rendre odieux aux vrais croyans. »

En général les Wahabis sont d'une frugalité extrême : ils ne se nourrissent que de pain qui souvent est fait d'orge, de dattes, de lait de chamelle, de sauterelles et quelquefois aussi de viande et de riz. La pipe leur est interdite, et ils ne font usage du café que comme d'une drogue propre à guérir les indigestions. Leurs coutumes sont aussi simples et agrestes que leurs mœurs : une parfaite égalité règne entr'eux; nulle distinction, nul titre qui puisse les assujettir essentiellement les uns aux autres ; aussi conservent-ils leur rustique familiarité même avec les chefs qui les gouvernent ; mais ils exécutent aveuglément tout ce qu'ils leur commandent au nom de la religion. Ils n'ont d'ailleurs aucun lieu de dévotion, si ce n'est la *Kaba* dont le pélérinage, consacré par l'antique vénération des Arabes de tous les tems, est pour eux comme pour ceux-ci un devoir indispensable. Au mépris de la piété musulmane, ils profanent et démolissent toutes les chapelles qu'elle a élevées à la mémoire des *Schéikhs* et des *Imams* décédés en odeur de sainteté ; célèbrent sans pompe et sans bruit les obsèques de leurs morts qu'ils se contentent de recouvrir d'un peu de terre, et taxent

---

d'Anazé, dont les ramifications s'étendent depuis les confins du Nedjede, jusqu'aux bords de l'Euphrate. Nous ferons remarquer, en outre, qu'elles portent toutes ou des noms patronimiques ou des épithètes significatives empruntées des lieux qu'elles ont primitivement habités ; et que ces noms ou épithètes sont ordinairement précédés de l'article il ou du mot beni (*enfans*), que nous avons cru devoir retrancher pour éviter des répétitions ennuyeuses.

de sacrilège les peuples qui ont l'usage des décorations funèbres. La même rusticité se décèle dans leurs vêtemens et leurs meubles, les uns consistant en grossiers tissus de laine, les autres en nates, et en vases de bois et d'argile. Au reste ils sont d'une complexion robuste, et accoutumés dès leur enfance aux travaux d'une vie toujours active et turbulente. La force de leur tempéramment et leur étonnante sobriété se font remarquer surtout quand ils vont à la guerre; alors ils n'emportent avec eux que deux outres pleines, l'une d'eau, l'autre de farine qu'ils attachent sous le ventre de leurs dromadaires. Dès qu'ils se sentent pressés par la faim, ils mettent pied à terre pour pétrir à la hâte cette farine, et en forment des pelotes qu'ils avalent gloutonnement après les avoir jetées sur des broussailles enflammées. Souvent aussi quand l'eau vient à leur manquer, ils se désaltèrent avec l'urine fétide de leurs montures; et d'ailleurs il n'est pas rare de les voir résister, à l'exemple de ces derniers, pendant plusieurs jours, aux besoins indispensables de la vie animale.

Quant aux qualités militaires de ces hommes extraordinaires, on doit s'en faire l'idée par le fanatisme même qui les domine. Rien ne saurait les intimider ou les détourner d'une entreprise difficile dans laquelle ils trouveraient à satisfaire leur fureur et leur rapacité; et nous avons déjà dit qu'ils sont persuadés de parvenir à la gloire éternelle en mourant les armes à la main pour la cause de leur religion; enfin il ne leur manque, pour devenir une nation invincible et capable de faire trembler l'Asie entière, que de joindre à leur caractère physique et moral les connaissances requises de la tactique et de la discipline militaire dont ils se trouvent encore dépourvus, faute d'être en relation permanente avec des pays plus civilisés que ceux où ils ont jusqu'à présent pu pénétrer. En acquérant ces connaissances, ils attaqueraient constamment avec avantage les peuples étrangers, et jamais ceux-ci n'oseraient aller les chercher au centre de leurs possessions, dont la nature elle-même semble avoir voulu garantir l'indépendance, en les entourant de déserts affreux et de montagnes inaccessibles.

En terminant cette seconde partie de nos renseignemens sur les Wahabis, et avant de passer à la troisième, qui aura pour objet leurs expéditions militaires, nous observerons qu'on peut les diviser en trois classes, savoir: les *Ghazou* ou gens de guerre, les *Fulh* (laboureurs) et les *Ahl-il-Hirfé* (artisans). Au demeurant ils font le trafic extérieur, et viennent souvent sous des noms de tribus empruntés, et confondus avec les autres Arabes, acheter dans les villes et les bourgades des bords de l'Euphrate et de la Syrie, les objets d'approvisionnement qui leur deviennent nécessaires. Nous ajouterons que presque toutes les monnaies étrangères passent chez eux, et qu'ils en ont une de cuivre qui leur est propre, laquelle consiste en deux crochets enlacés l'un dans l'autre, et qui équivaut à six quarantièmes de piastre de Turquie.

Ce fut en 1801 que la puissance toujours croissante de ces sectaires commença à inspirer de sérieuses inquiétudes à la Porte Ottomane qui, jusqu'alors, n'avait envisagé que d'un œil d'indifférence les progrès de leur doctrine et de leurs armes. Sortant enfin de sa stupeur politique, elle commanda à plusieurs de ses *Vizirs* d'aller les attaquer dans le Dréié même. *Suleiman-Pacha*, de Bagdad, ayant été le premier à lever une armée nombreuse, il la fit marcher incontinent sans attendre les renforts qu'on lui avait promis, sous les ordres de son *Kyaïa*, ou lieutenant, *Ali*, qui lui succéda depuis, et qui vient de périr victime d'un complot; mais cette expédition échoua complettement par la trahison d'un des chefs Arabes qui en faisait partie, et dont les conseils astucieux et perfides déterminèrent le général turc à retourner depuis Lahsa après avoir conclu une espèce de trêve avec Abd-il-Aziz.

Les autres pachas, voyant le peu de succès qu'avait obtenu Suléiman, différaient toujours de s'ébranler à leur tour; cette hésitation rendit le courage aux Wahabis, qui s'étaient trouvés un moment dans l'embarras; ils prirent de nouveau les armes, et vinrent s'emparer à l'improviste d'*Imam-Husséin*, (4) où après avoir mis tout à feu et à sang, ils se retirèrent fort tranquillement, avec un butin immense, sans que le gouverneur de Bagdad, qui fut informé à tems de ce coup de main, osât troubler leur retraite. Ils avaient fondu, au nombre de quinze mille, sur cette malheureuse ville : les cruautés qu'ils y commirent sont inouies : vieillards, femmes, enfans, tout tomba sous leur glaive impitoyable. Ils poussèrent la fureur jusqu'à éventrer les femmes enceintes, et morceler, sur leurs membres sanglans, le fruit qu'elles portaient. Des gens dignes de foi, échappés à cette affreuse boucherie, nous assurèrent avoir vu quelques-uns de ces hommes féroces se repaître du sang de leurs infortunées victimes.

On évalue à plus de quatre mille le nombre des personnes qui périrent dans cette catastrophe épouvantable. Les Wahabis emmenèrent, en reprenant le chemin du Dréié, plus de deux cents chameaux chargés de riches dépouilles: non contens d'avoir assouvi leur rage sur les habitans, ils s'étaient encore acharnés à raser la plupart des maisons, et à faire, de la superbe chapelle de l'Imam, un cloaque d'immondices et de sang.

La nouvelle du massacre d'Imam-Husséin répandit la consternation dans Bagdad et à la cour de Perse. On se disposa de part et d'autre à tirer vengeance de cet horrible événement par une grande expédition dirigée contre le Dréié même. Fethali-Schah levait une armée de cent mille hommes; Suleiman-Pacha devait marcher en personne à la tête des forces ottomanes; mais tous ces préparatifs n'aboutirent à rien. D'un côté l'apparition subite des russes, déjà maîtres de la Géorgie, sur les bords de l'*Araxe* de l'autre des troubles survenus dans le *Kurdistan*, en changèrent tout-à-coup le but. Le *Schah* vola au secours de ses frontières menacées, avec les mêmes troupes destinées à attaquer les Wahabis, et Suléiman employa les siennes à réduire les rebelles de son département. De sorte que les sectaires, profitant d'une si heureuse diversion, purent reprendre l'offensive avec encore plus

---

(4) *Petite ville voisine des bords de l'Euphrate, qui a reçu son nom d'Imam-Husséin, fils d'Ali, lequel s'y trouve enterré, et dont la chapelle sépulcrale, consacrée par la dévotion des sectateurs de son père, était devenu le dépôt des magnifiques offrandes de la plupart des rois de Perse. Toutes ces richesses furent pillées par les Wahabis; et sur six mille habitans qu'elle renfermait avant son saccagement, on n'en compte plus aujourd'hui que le tiers seulement.*

d'audace que par le passé. Ils n'avaient plus qu'un seul coup à porter à la croyance musulmane pour ébranler les trônes de l'Asie, et mettre le sceau à leur propre puissance ; c'était d'enlever la Mecque, dont la situation politique à cette époque, semblait leur en garantir la possession. *Ghalèb*, prince régnant de la *ville Sainte*, avait usurpé le *Schérifat* (5) sur son frère aîné *Abd-il-Maïn*. Celui-ci se refugia auprès d'Abd-il-Aziz, qui lui accorda aide et faveur. En conséquence, Ghalèb fut sommé par l'émir de se démettre du titre qu'il s'était arrogé ; mais il répondit avec fierté que puisqu'il le devait autant à sa propre bravoure qu'aux suffrages unanimes du peuple, il était prêt à le défendre, les armes à la main contre ceux qui voudraient le lui disputer. Abd-il-Aziz répliqua à ces bravades en faisant marcher cent mille hommes contre lui sous les ordres de son fils Seoûd. Le premier exploit des Wahabis fut la prise et le pillage de Taïf, bourgade située à quatorze lieues de la Mecque, dont les habitans commencèrent à trembler pour leur sûreté. Ghalèb voulant justifier ses propos arrogans, accourut au devant de l'ennemi ; mais il fut battu et contraint de retrograder honteusement.

Dans ces entrefaites *Abdallah-Pacha*, gouverneur de Damas, et *Emir-il-Hadje*, ou conducteur des pélerins, était en marche vers la Mecque, avec le pieux convoi. Informé de ce qui venait de se passer entre les sectaires et le schérif, il s'empressa d'en rendre compte au divan de Constantinople, et continua sa route, sans savoir qu'elles pouvaient être leurs intentions à son égard. Parvenu à trois journées de distance de Taïf, il en vit s'approcher un détachement qui venait pour exiger les droits de passage ; ces droits lui ayant paru outrés, il refusa de les payer, et jugeant qu'il n'y avait d'autre parti à prendre que de repousser la force par la force, il se battit contr'eux, et les obligea à se retirer, après leur avoir tué une centaine d'hommes.

Ce combat qui fut, comme on le voit, tout à l'avantage d'Abdallah, devait naturellement exciter les Wahabis à en tirer vengeance : aussi sentit-il la nécessité d'entrer en pourparlers avec Seoûd, avant de se présenter à la Mecque, alors que cette ville était sur le point de tomber en son pouvoir ; il lui écrivit donc dans la vue de sonder ses dispositions. L'émir dissimula et répondit que la caravanne pouvait arriver en toute sécurité, à condition qu'elle ne mettrait pas plus de trois jours à accomplir le pélerinage ; ajoutant que, quant à lui, il n'était point venu pour troubler cet acte religieux ; mais seulement pour punir Ghalèb et rétablir Abd-il-Maïn dans ses droits.

Pendant ces communications, Ghalèb alarmé du danger qui le menaçait, vint trouver Abdallah et le pria de se rendre médiateur entre Seoûd et lui. En cédant aux sollicitations du schérif disgracié, le pacha écrivit en sa faveur, et offrit de s'entremettre pour terminer le différend : mais le prince des Wahabis rejetta sa proposition avec hauteur, et lui répondit cathégoriquement qu'il ne pouvait pas se mêler d'une affaire qui lui était étrangère ; que c'était bien assez pour lui d'avoir obtenu la permission d'entrer à

---

(5) *Dignité de* Schérif ; *titre que prend le gouverneur de la Mecque, et qui signifie noble, ou descendant du* Prophète.

la Mecque; que d'ailleurs il devait se rappeler que cette permission ne lui avait été accordée que pour y rester trois jours seulement; lequel terme une fois passé, il ne répondait plus de ce qui arriverait aux pélerins.

Abdallah-Pacha, en homme prudent, n'insista point de crainte d'irriter Seoûd; et il se rendit incontinent à la Mecque, d'où il sortit à l'expiration du délai fixé. Quant à Ghalèb, il se refugia auprès de Schérif-Pacha, gouverneur de *Djidda*, ville des bords de la mer rouge, que les Wahabis se proposaient d'attaquer après s'être rendus maîtres de la première et de *Médine*, dont la reddition paraissait certaine.

Peu de jours après le départ de la caravanne des pélerins, Seoûd prit possession de la Mecque qui n'était pas en état de lui résister. Il y rétablit, dans le schérifat, son protégé Abd-il-Maïn; fit mettre à mort tous les schéikhs et imams dont il suspectait la fidélité ordonna la démolition des chapelles et autres lieux particuliers de dévotion que renfermait la ville; chassa du *Touaf* (6) tous les marchands que l'appas d'un gain sordide y attirait journellement, au mépris de la sainteté du lieu; enleva le riche tissu qui couvrait le prétendu tombeau d'Abraham, et s'appropria tous les objets de luxe et les effets précieux du temple de la Kâba.

L'émir ne resta à la Mecque qu'autant de tems qu'il lui fallait pour y affermir son autorité; après quoi, laissant dans cette ville Abd-il-Maïn, un lieutenant et une garnison de deux cents hommes, il en sortit pour marcher sur Djidda. Les Wahabis, qui avaient toujours été vainqueurs, manquèrent cette fois-là leur coup. Jusqu'alors ils n'avaient attaqué que des tribus errantes et dispersées, ou surpris des places ouvertes et sans défense. Ils trouvèrent Djidda bien fortifiée, et ses habitans électrisés par Ghalèb, et Schérif-Pacha, décidés à leur résister jusqu'à la dernière extrémité: aussi échouèrent-ils dans les divers assauts qu'ils y donnèrent. Constamment repoussés avec perte par les assiégés, ils ne tardèrent pas à se rebuter; la peste porta, en même tems, ses ravages parmi eux; et ils furent contraints de se replier sur *Réyan*. Là, sans renoncer à l'espoir de rétablir ses affaires, Seoûd, à la faveur d'un nouveau renfort qu'il venait de recevoir du Dréïé, changea tout-à-coup de plan, et fit avancer contre Médine *Ibn-Modian* et *Ibn-Habib*, deux de ses généraux les plus marquans, à la tête d'un parti de gens déterminés. Les villages de *Kerin* et *Serian* furent enlevés rapidement; mais les Médinois étant sortis à la rencontre des ennemis, les chassèrent de ces deux positions, en les poursuivant quelques tems l'épée dans les reins.

Ce nouvel échec obligea Seoûd à retourner au Dréïé avec les débris de son armée; et en quittant le *Hedjaze*, il n'eût pas même l'avantage de conserver la Mecque: car les habitans de cette ville, profitant de sa retraite, massacrèrent la garnison qu'il leur avait laissée, et réinstallèrent Ghalèb dans la dignité de schérif.

La malheureuse expédition de Seoûd excita quelques rumeurs dans le Dréïé: cette agitation publique y prit bientôt le caractère

---

(6) C'est le lieu le plus sacré de la Mecque, l'enceinte de la *Kâba*, dont les pélerins sont obligés de faire sept fois le tour, pour accomplir le pieux devoir qui les y attire de toutes les parties de l'Asie.

d'une alarme générale par la triste fin d'Abd-il-Aziz, qu'un Persan, devenu Wahabi, pour venger la mort de ses enfans, qui avaient péri dans le massacre d'Imâm-Hussein, poignarda le 10 novembre 1803, pendant qu'il faisait ses prières. Cet homme était parvenu, à la faveur d'une conversion simulée, à entrer au service de l'émir; et il y avait déjà plus d'un an qu'il l'approchait, lorsqu'il trouva l'occasion de l'immoler aux mânes de ses malheureux enfans. L'assassin fut saisi sur-le-champ et brûlé tout vif. Les musulmans, qui le regardent comme un vrai martyr de leur foi, prétendent, cependant, que les flammes ne le dévorèrent point, et qu'on fut obligé de lui couper la tête.

Les revers qu'avaient essuyés les Wahabis dans leur dernière campagne, et dont on vient de lire le détail, joints à l'assassinat d'Abd-il-Aziz, donnèrent, dans le tems, à penser que leur secte, découragée et sans chef, touchait au moment de sa destruction; l'événement ne justifia point cependant cette conjecture : Seoüd, succéda à son père par les suffrages unanimes de la horde; et celle-ci, en changeant d'émir, n'en conserva pas moins son fanatisme religieux, ses mœurs et ses coutumes particulières, et le desir de se signaler par de nouvelles conquêtes.

Achevé de rédiger au mois de février 1804.

———※———

On verra, par les Extraits suivans, que la secte des Wahabis, bien loin d'être menacée d'une décadence prochaine, ne cesse, au contraire, de se rendre redoutable aux peuples qui l'entourent, en s'appliquant, avec la même ardeur qui les a fait jusqu'à présent surmonter tous les obstacles, à consolider l'édifice d'une domination dont les fondemens furent jetés, il y a une soixantaine d'années, au centre de l'Arabestan.

———※———

EXTRAITS

De diverses lettres écrites de Bagdad et Alep, dans le courant des années 1804, 1805, 1806 et 1807.

Novembre, 1804.

Tout le vaste désert compris entre la mer rouge et le golfe persique, et qui s'étend depuis les confins du Yémen jusqu'aux rives de l'Euphrate, n'est plus peuplé aujourd'hui que des féroces sectateurs du Wahabisme : les villes de *Bahrein* et de *Zebara*, le pays des *Djiwassèms* et celui de l'*Omman* viennent de recevoir ses lois. L'*imam* de Mascate même est devenu en quelque sorte le vassal de Seoûd.

Ali-Pacha fait de grands préparatifs pour marcher en personne contre le *Dréïé*. Il commandera une armée combinée de Kurdes et d'Arabes, et sera accompagné dans cette nouvelle campagne, par Abdullah-Pacha et Schérif-Pacha, ci-devant gouverneurs de Damas et de Djidda, que la Porte a mis sous ses ordres. C'est le fameux *Farès*, chef de la grande tribu des *Djerbes* (7) et que ses démêlés avec Seoûd ont attiré dans le parti ottoman, qui doit servir de guide à l'expédition.

Décembre, 1804.

La mort tragique de l'infortuné *imam* de Mascate semble avoir ralenti la marche des opérations militaires qui se combinent depuis quelques mois ici. Entraîné par l'espoir de recouvrer l'indépendance de ses états, ce prince Arabe avait voulu se joindre à Ali-Pacha, dans l'expédition projetée contre les Wahabis. Dès le mois d'octobre, il était venu à Bassora avec quinze bâtimens de guerre; mais ennuyé d'y attendre l'armée ottomane, qui ne s'ébranlait pas, il se détermina à s'en retourner chez lui, fut attaqué à la hauteur de *Zebara*, par les corsaires des *Djiwacems*, et périt dans le combat atteint d'un boulet de canon. Depuis cet événement, la souveraineté de Mascate a passé toute entière sous la domination de Seoûd, qui y a nommé pour *imam* un des fils du défunt, que des démêlés de familles avaient forcé de se réfugier auprès de lui.

---

(7) Cette tribu qui avait d'abord embrassé le *Wahabisme*, vient de déserter, depuis peu, les drapeaux de Seoûd pour se ranger sous ceux d'Ali-Pacha, auquel elle a fourni un contingent de 2500 cavaliers.

. . . . . 1805.

Ali-Pacha, après être resté plus de cinq mois campé à Hilla avec une armée de trente mille hommes, différant toujours de se mettre en marche vers le Dréïé, vient enfin de retourner brusquement à Bagdad, pour se préparer à soutenir la nouvelle guerre que la rebellion d'*Abdurrahman-Pacha*, du Kurdistan, fomentée par le roi de Perse, a fait éclater entre ce souverain et lui. Ainsi s'est terminée cette fameuse expédition projettée contre les Wahabis! Elle n'a eu pour résultat que quelques escarmouches insignifiantes; et le Grand-Seigneur, qui n'en attendait pas moins que la destruction d'une secte dont la turbulence et les projets ambitieux ne cessent de lui donner les plus vives inquiétudes, s'est vu encore une fois trompé dans ses espérances.

P. S. — La Mecque et Médine sont à la veille de tomber au pouvoir des Wahabis, qui les tiennent assiégés depuis quelques tems. Ibrahim-Pacha, chargé l'année passée de conduire la caravanne des *Hadjis*, était parvenu, après avoir surmonté mille obstacles, couru toutes sortes de dangers, et satisfait, par des débours multipliés, l'avidité des sectaires, à lui faire accomplir le pélérinage de ces deux villes. Aujourd'hui c'est Abdullah-Pacha qui doit l'escorter. Ce visir, le même que Seoûd traita assez bien dans une semblable mission en 1801, avait été disgracié depuis; et ce n'est qu'à la sollicitation d'Ali pacha de Bagdad, qui s'est intéressé en sa faveur auprès de la Porte, que celle-ci l'a réintégré dans le gouvernement de Damas, dont la dignité d'*Emir il-Hadje* est le plus beau privilège.

12 *Juin* 1806.

Les deux *Villes-Saintes* ont passé sous la domination des Wahabis : on dit même que Djidda, menacée de la famine, va leur ouvrir ses portes. La caravanne des *Hadjis* a prodigieusement souffert du brigandage de ces sectaires ; après en avoir massacré une partie et soumis l'autre à des impositions arbitraires, ils se sont emparés du sacré *Mahmel*, cofre d'un riche travail, qui renferme les pieuses offrandes que le G. S. envoie chaque année pour servir à décorer le tombeau de Mahomet. Ce coffre est ordinairement chargé sur un chameau superbement caparaçonné, et qui marche toujours à la tête du convoi, en mémoire de celui qui portait la litière du Prophète, quand il entreprenait quelque voyage. Un pareil accident, fait pour jeter l'alarme parmi le peuple musulman, a plongé notre ville dans la dernière désolation : tout le monde le regarde comme l'avant-coureur de la prochaine décadence de l'islamisme.

Cependant, malgré tous ces obstacles, les pélérins, soutenus par leur sainte ferveur, et au moyen d'une rétribution de quinze cents bourses accordée à Seoûd, n'ont pas manqué d'accomplir le pieux devoir qui les avait attirés en Arabie : ils sont bien entrés dans la Mecque ; mais ils y ont trouvé toutes les mosquées démolies, les chaires renversées, les chapelles sépulcrales profanées, et les ministres du culte détruits par le fer des implacables sectaires. La Kâba seule subsiste aujourd'hui au milieu des décombres, d'un grand nombre d'édifices écroulés sous les coups du fanatisme et d'une aveugle fureur.

On m'a communiqué, ici, la copie d'une lettre écrite à l'un des grands du pays, par le *Mufti* même de la Mecque, qui a embrassé le Wahabisme ; elle est ainsi conçue :

« Cette année, comme à leur ordinaire, les pélerins se sont » acheminés vers le lieu sacré, accompagnés de la corruption » et du désordre, et inondant les cités du torrent de leurs vices » abominables; mais leur folle ivresse n'a pas tardé à se dissiper: » leurs fifres bruyans sont devenus muets, leurs canons ont été » pris : ils ont perdu beaucoup de monde: en un mot, de démo- » niaques et furieux qu'ils étaient, ils sont devenus misérables » et impuissans: quant à nous, grâces à Dieu, nous avons franchi » le seuil, et quitté le masque importun qui nous gênait ; que le » ciel vous protége, vous autres, et vous désille les yeux !... Ne » croyez pas au moins qu'Alep soit une place imprenable ! Les » armes des Wahabis doivent la faire déjà trembler ».

Cette lettre démontre assez le projet qu'a l'ennemi de tenter une expédition de ces côtés-ci.

Je reviens. Tandis qu'un corps de Wahabis s'était mis aux trousses de la caravanne des pélerins, un autre bien plus considérable, parti de Dréié même, se dirigeait rapidement vers Zobéir, Bassora et Imam-Ali. Ces brigands se présentèrent en force le 27 avril devant le dernier de ces lieux, et, à la faveur de la nuit, parvinrent à en escalader les murs : déjà ils avaient planté leurs drapeaux sur les remparts, lorsqu'un de leurs capitaines s'écria tout-à-coup dans un transport de fanatisme, en s'adressant à ses camarades : » Mes amis, voici le moment favorable pour signaler » notre saint zèle; nous sommes les vengeurs du Très-Haut; » faisons grâce à ceux qui suivent sa loi, mais punissons de mort » les impies qui osent la violer ». Cette courte exhortation prononcée d'un ton haut et délibéré, réveilla les sentinelles endormies et sauva la place : l'alarme fut générale : les habitans coururent aux armes ; et aimant mieux mourir en se défendant que de se laisser égorger sans pitié, ils firent une vigoureuse résistance, et tuèrent tous les Wahabis qui s'étaient jetés témérairement parmi eux : ceux-ci voyant leur projet manqué par une harangue déplacée, dûrent se retirer en désordre, pour aller se poster dans une vallée voisine, d'où ils semblaient vouloir revenir bientôt à la charge ; mais un chef Arabe fondit sur eux avec une poignée de gens déterminés, et les obligea, au bruit du canon des assiégés qui les étourdissait par un feu continuel, à s'éloigner bien vite, après leur avoir fait éprouver une perte de deux ou trois cents hommes.

A peine Ali-Pacha avait-il eu l'avis de cette nouvelle tentative des Wahabis, qu'il s'était empressé de faire marcher contr'eux son Kiaya *Suléiman*, avec deux mille chevaux et six pièces d'artillerie légère : lui-même quitta Bagdad le 4 mai et fut camper aux environ de *Hilla*, pour être plus à portée d'observer leurs mouvemens ultérieurs. Ces sectaires, qui battaient en retraite, prirent le chemin de *Semawat*, bourgade des bords de l'Euphrate et hasardèrent d'y donner, de nuit, un assaut; mais les habitans se défendirent vaillamment, et le lendemain, un autre chef Arabe, suivi de trois cents *Khézails* (8), les chargea avec tant de vigueur,

---

(8) *Les Khézails forment une tribu très-puissante soumise au Pacha*

que plus de cinq cents des leurs restèrent sur le champ de bataille. Depuis lors on n'a plus entendu parler d'eux : il ne faut pas croire cependant qu'ils puissent rester long-temps dans l'inaction : la facilité avec laquelle ils recrutent leurs bandes mobiles, et l'habitude qu'ils ont de franchir, sans beaucoup de préparatifs et par des marches accélérées, les déserts qui les séparent des possessions ottomanes, exposeront toujours celles-ci aux ravages d'une guerre inhérente aux dogmes religieux qu'ils professent.

Du 14 Mars 1807.

Voici maintenant ce qui vient d'arriver aux pèlerins de cette année, lesquels s'étaient mis en route pour la Mecque, non sans s'attendre à éprouver, comme en 1805 et 1806, des obstacles insurmontables de la part des troupes pillardes de Seoud. Le prince Wahabien avait dicté d'avance à *l'Émir-il-Hadje* (c'est toujours Abdallah-Pacha) des conditions rigoureuses qui interdisaient à la caravanne toute espèce de pompe religieuse ; conditions qui ne furent pas strictement remplies : indigné de voir ses ordres méprisés, il lui signifia de suspendre la marche du convoi, avec menace d'un pillage complet, s'il osait faire la moindre résistance. Abdallah voulut entrer en composition ; mais il ne fut pas écouté, et comme il avançait toujours, les Wahabis lui tombèrent dessus, et après avoir dépouillé, maltraité et même tué un grand nombre de *Hadjis*, ils l'obligèrent à retourner à Damas, où il se trouve en ce moment, fort incertain du parti qu'il doit prendre.

8 Juillet 1807.

Depuis les derniers détails donnés sur la situation des affaires politiques de ce pays, on y a reçu l'avis de l'apparition subite d'un corps de Wahabis vers les bords de l'Euphrate. Leur intention est sans doute de couper le passage à la grande caravanne de Bagdad ; mais celle-ci a déjà reçu l'ordre de différer son départ, et le Kiaya va se rendre incessamment, avec trois ou quatre mille Arabes, à *Ana*, ville située sur le même fleuve, pour observer les mouvemens de l'ennemi. Le pacha de Bagdad doit, dit-on, quitter lui-même sa résidence, et aller occuper les avenues d'Imam-Ali, qu'on croit menacé encore d'un pillage prochain.

Un second corps de Wahabis, très-considérable, s'est porté plus haut, sur *Déir*, village des bords de l'Euphrate, situé à cinq journées d'Alep. Des Arabes fugitifs, récemment venus de ce lieu, assurent que les brigands paraissaient vouloir y construire un fort ; ce qui démontre assez le projet qu'ils ont, de pousser leurs courses jusqu'en Mésopotamie, où, une fois entrés, toutes les forces réunies de la Porte, ne pourraient plus les en chasser.

---

de Bagdad, qui ne saurait assez compter sur leur fidélité, dont ils lui ont donné, dans plus d'une occasion, des preuves non-équivoques.

30 *Juillet* 1807.

On vient d'apprendre ici la triste nouvelle du saccagement d'*Ana* par un corps combiné de Wahabis et d'*El-Ubaïds*, à la tête duquel se trouvait *Lattouf-Beg*, fils du fameux *Schawi-Zadé*, qu'Ali-Pacha a fait étrangler il y a quelques années, pour cause d'intelligences secrettes avec Seoûd. Les cruautés que les brigands ont commises dans cette ville sont horribles, et rappellent le souvenir affreux de celles dont ils donnèrent le premier exemple à *Imam-Husséin* en 1802. Le *Kiaya*, qui avait accouru au secours des habitans, n'a pu les sauver du pillage, et l'on dit qu'il va revenir bientôt pour renforcer les troupes qu'il commande et aller protéger *Hilla*, et quelques autres lieux des rives inférieures de l'Euphrate, qui se trouvent menacés du même sort.

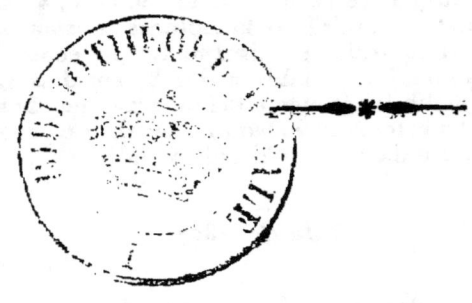

NOUVEAUX RENSEIGNEMENS

Sur les opérations militaires des Wahabis, depuis 1807 jusqu'au milieu de 1810; suivis d'un tableau synoptique des possessions territoriales de l'Émir-Seoûd.

On a vu, par l'extrait d'une lettre datée du 30 juillet 1807, qui termine le précédent mémoire, que le sac d'*Ana* sur l'Euphrate, fut la dernière expédition des Wahabis dans le courant de la même année : depuis lors le pélerinage de la Mecque n'a plus eu lieu en raison des obstacles que les sectaires ne cessent de mettre à cet acte de piété, et des vexations de tout genre qu'ils font éprouver à ceux qui osent en entreprendre l'accomplissement.

Non contens d'avoir porté un coup si funeste à l'islamisme, les Wahabis se présentèrent, en 1808, devant Damas, et menacèrent les habitans de cette ville d'un massacre général s'ils refusaient d'embrasser les dogmes de la nouvelle secte. *Guendje-Youssuf-Pacha*, qui y commandait alors, se voyait pris au dépourvu ; la rapidité avec laquelle ils s'étaient avancés pour l'attaquer brusquement, lui ôtait tout moyen de leur résister. En conséquence, il demanda à capituler, et feignit de vouloir engager le peuple à une prompte conversion. Il fit même diverses proclamations tendantes, en apparence, à abattre les mosquées, à prohiber les cafés publics, à abolir enfin tous les usages contraires à l'esprit du Wahabisme. Ces démonstrations simulées appaisèrent, ou plutôt trompèrent les sectaires, qui offrirent d'escorter eux-mêmes les *Hadjis* ou pélerins, moyennant une forte rétribution. Ceux-ci acceptèrent la proposition et s'acheminèrent incontinent vers la Mecque, en se dépouillant de toute pompe extérieure, comme ils l'avaient promis, et sous la sauve-garde immédiate de leurs avides conducteurs; mais à mi-chemin, la dissention éclata entre les deux partis. Les Wahabis qui commençaient à se douter de la mauvaise foi des musulmans, étant les plus forts, pillèrent une grande partie des bagages de la caravanne, et la firent rétrograder vers Damas: ils investirent en même-tems la place, et parurent résolus d'en former le siége, espérant de la réduire par la famine. Il n'y avait plus en effet que ce fléau qui pût la mettre en leur pouvoir; car Youssuf-Pacha avait profité du repit qu'il s'était procuré pour faire, à la hâte, quelques préparatifs de défense ; et il ne devait plus craindre de voir l'ennemi tenter un assaut général.

Les Wahabis ne tardèrent pas à se lasser de l'espèce d'inaction où les tenaient les sages mesures de ce gouverneur; ils renoncèrent donc à leur plan, et se retirèrent peu-à-peu, après avoir ravagé les alentours de la ville. Cependant les Hadjis persans et indiens, qui avaient pris la voie du golfe persique, pour se rendre à la Mecque, furent mieux traités; et ils purent accomplir, en toute sûreté, sous les auspices de Seoûd même, leurs religieux devoirs.

Le prince Wahabien envoya dans ces entrefaites par *Bahrein* et *Bender-Abouschehr*, des lettres amicales à la cour de *Fethali-Schah*, pour se faire, auprès d'elle, un mérite de la protection qu'il avait accordée aux Persans dans leur pélerinage, et inviter ce monarque à entrer en alliance avec lui. S. H. enjoignit de suite à son fils *Hussein-Ali-Mirza*, gouverneur des côtes maritimes de l'empire, de cultiver les heureuses dispositions de Seoûd; et l'on présume que depuis ces ouvertures, la bonne intelligence n'a pas cessé de régner entre les deux gouvernemens.

Les prévenances de l'Émir-Seoûd, et le prix qu'il semblait attacher à l'amitié du *Schah*, avaient en sans doute un but déterminé; et il faut croire que ce but était de faire des prosélytes en Perse, ou tout au moins, d'arracher de ce pays les tribus Arabes qui y furent transplantées, il y a quatre siècles, par *Teïmur-Leng*. L'on fit même courir le bruit, dans le tems, que Seoûd avait secrettement écrit à quelques-unes de ces tribus, pour les inviter à retourner au sein de leur patrie; mais il paraît que le projet qu'on lui supposait dut souffrir des difficultés, qui en rendirent impossible l'exécution.

Tandis que Seoûd entamait des communications avec la Perse, il cherchait, d'un autre côté, à s'assurer de la bienveillance des Anglais, qui avaient besoin de lui pour faciliter l'expédition de leurs dépêches de Bombay, par la voie d'Alep. Se trouvant déjà en rapports directs avec M. *Manesty*, consul britannique à Bassora, il obtint, par l'intermédiaire de cet agent, des marques très-flatteuses de l'intérêt tacite que la compagnie des Indes prenait au succès de ses entreprises: l'opinion commune est qu'elle lui envoya, sous main, de riches présens et des munitions de guerre de tout genre; lesquelles furent débarquées à *Il-Katif*, ville maritime de la côte occidentale du golfe persique, et qui fait partie de la domination Wahabienne.

Presqu'au même tems Seoûd somma, par une lettre impérieuse, les habitans de Bagdad de secouer le joug ottoman pour recevoir le sien. Sa proposition indigna *Suléiman-Pacha* (9) qui y répondit en faisant, à la hâte, des préparatifs de défense, et en envoyant des troupes à *Hilla* et à *Imam-Hussein* pour renforcer les garnisons de ces deux places, que les Wahabis paraissaient vouloir attaquer les premières.

Les craintes du pacha de Bagdad n'étaient pas mal fondées: au mois de juillet 1808, les brigands s'avancèrent, au nombre de douze mille, vers Imam-Hussein, dans l'objet de saccager une seconde fois ce lieu si révéré des Persans, et qui avait déjà éprouvé les cruels effets de leur fanatisme en 1802; mais les sages précautions de Suléiman, et la promptitude avec laquelle il marcha lui-même à leur rencontre, à la tête de ses meilleures troupes, déconcertèrent leur projet, et ils furent obligés de se replier sur *Schefata*, après avoir inutilement donné un assaut à la ville.

Schefata, bourg populeux, situé à neuf lieues plus loin, dans le désert, est habité par les Arabes *Husséiniés*. Ces pauvres

---

(9) *Troisième de ce nom, et successeur d'Ali-Pacha, qui périt il y a quelque tems, victime d'un complot tramé par les esclaves de son séraï.*

laboureurs, effrayés de la présence d'un ennemi aussi redoutable, capitulèrent avec lui, et durent acheter, au prix de leurs bestiaux, une vie qu'ils ne pouvaient pas défendre par les armes. De-là, les Wahabis, craignant d'être atteints par l'armée turque, qui suivait leurs traces, se portèrent sur *Sémawat* qu'ils tâchèrent de surprendre; mais ils y éprouvèrent une vigoureuse résistance, et changèrent encore de direction, après avoir perdu quelques centaines d'hommes et un de leurs capitaines, dont la tête fut envoyée à Bagdad. Les *Muntefiks* les battirent à leur tour proche de *Souk-il-Schioukh* sur l'Euphrate; mais les vainqueurs payèrent bien cher cet avantage, ayant vu périr dans l'action le fils de leur prince. Les Wahabis, après ce dernier échec, ne songèrent plus qu'à la retraite; ils parvinrent néanmoins à enlever, dans leur fuite, la récolte des dattes de Bassora.

Pendant que ces sectaires évacuaient précipitamment les terres de Bagdad, une de leurs *Djamâs*, ou divisions qui avait pénétré en Syrie, fut totalement dispersée à quelque distance d'Alep par les Arabes *Fedâns*. Le chef qui la commandait périt dans le combat, et sa jument, estimée plus de quinze mille piastres, devint le partage de celui des vainqueurs. Enfin, un autre parti de Wahabis fut également culbuté entre *Homs* et *Hâma*; et depuis lors on n'a plus entendu parler de leurs hostilités.

Une circonstance que nous ne devons par omettre, parce qu'elle servira à caractériser l'audacieuse intrépidité des Wahabis, c'est celle de l'arrivée à Bagdad, au commencement de septembre 1808, d'un de leurs capitaines fait prisonnier à *El-Djâmé*, proche de Bagdad. Ce chef de milice nommé Abdallah, et parent de Seoûd, avait déjà offert 40,000 piastres pour obtenir sa liberté. Lorsqu'il fut présenté au Pacha, il le fixa de sang-froid et lui dit: » Suléiman, Suléiman! ne m'accable point d'injures: tes menaces » ne sauraient m'intimider, et mes frères ne pourront jamais » me reprocher d'avoir bassement imploré ta générosité: je suis à » ta disposition; coupe-moi la tête, ou accepte la somme que je te » donne pour ma rançon » Le Pacha sourit à ces mots et fit garder soigneusement le fier Wahabi, dont le sort paraissait fort incertain: nous ignorons, au reste, s'il a été réellement décapité, comme le bruit en a couru dans le tems, ou renvoyé à Seoûd.

Les Wahabis éprouvant sur leur propre élément, c'est-à-dire, le désert, des revers aussi graves que multipliés, s'étaient cependant acquis quelques prépondérance dans le golfe persique. Dès 1809, leur marine naissante commençait à inquiéter la navigation des Arabes, des Persans, et même des Anglais. Les *Daw*, espèce de chaloupes canonnières des *Djiwarems* soumis à Seoûd, et qui occupent presque toute la côte méridionale de cette mer, faisaient de fréquentes prises sur ces trois nations. Les habitans de *Graïn*, avec leurs galvettes, soutenus de la flotille de Bassora, luttèrent quelques tems contr'eux; mais il fallut que les Anglais, indignés de la mauvaise foi des Wahabis, se décidassent à réprimer leurs pirateries, pour que les communications maritimes entre l'Inde et les ports de Perse et d'Arabie fussent enfin rétablies. Vers la fin de la même année, le gouvernement de Bombay équipa à cet effet une escadre composée de quatre frégates, trois bricks et onze bateaux armés, ayant à bord des troupes de débarquement. Cette escadre s'étant réunie, après une assez longue traversée, aux vaisseaux de l'imam de Mascate, qui cherchait à recouvrer son indépendance, remporta, sur les Djiwacems, la victoire la plus complète. Cent-vingt de leurs daws furent coulés bas; les habitations de *Ras-il-Khaïmé* (10) saccagées et brûlées; les magasins de guerre détruits; trois mille individus passés au fil de l'épée, et plus de mille prisonniers, avec un grand nombre de petits navires et de munitions, conduits à Mascate. Les vainqueurs ne perdirent que très-peu de monde dans cette expédition. Leur escadre se dirigea ensuite sur les autres points du golfe, pour achever la destruction des corsaires. La nouvelle de cet événement, si funeste à la puissance de Seoùd, parvint à Alep au mois de mars de l'année 1819. Pour comble de malheur, la peste, qui avait déjà ravagé plusieurs fois le Dréié, s'y déclara de nouveau dans ces entrefaites; tandis que, presque à la même époque, un détachement de Wahabis, ayant tenté d'enlever encore une fois la récolte des dattes de Bassora, fut taillé en pièces par les habitans de Zobéir.

Une autre expédition que ces sectaires avaient faite peu auparavant du côté opposé, vers les bords de la mer rouge, échoua pareillement; et de quatre mille hommes qu'ils étaient, il n'en revint qu'une trentaine, pour annoncer à Seoùd ce nouveau désastre; le reste ayant péri sous les murs de Djidda.

Tant de revers paraissaient avoir découragé les Wahabis qui ne quittaient plus leurs foyers: on prétendit même, dans le tems, que Seoùd était mort; mais des avis plus récens nous ont appris le contraire; et nous sommes persuadés aujourd'hui que cet émir qui, pendant l'inaction où on le croyait plongé, a dû réorganiser ses forces, ne tardera point à réveiller les inquiétudes publiques par la reprise des hostilités d'une guerre dont on ne verra peut-être jamais la fin.

En effet, des lettres de Damas ont annoncé, depuis deux mois, que les Wahabis étaient déjà sortis du Dréié au nombre de quatre-vingt mille hommes; ayant à leur tête l'émir même, avec les chefs les plus distingués de la horde, parmi lesquels on comptait *Ab l-Mesmar* et *Abou-Nokta*, commandans de la province du Yémen, et le *schérif* de la Mecque, qui a le gouvernement du Hedjaze. Il paraissait que les brigands se proposaient d'attaquer encore Zobéir, Bassora, Imam-Ali, Imam-Hussein, quelques places sans défense des bords de l'Euphrate, et peut-être aussi les environs de Damas et Alep. Plusieurs bandes d'Arabes *Anazés* de la partie supérieure du *Schamié* ou désert de la Syrie, s'étaient réunies à eux. Ces nouvelles alarmantes firent suspendre la marche de la grande caravanne, qui, à cette époque-là, devait partir de Bagdad; et partout on ne s'occupa plus que de préparatifs de défense. Vers la mi-juin on assurait à Alep, qu'une division de ces sectaires, composée de dix mille *Mardoufas* (11), occupait déjà le territoire de *Horàn* à 18 lieues S-O. de Damas. Cependant ce dernier avis ne se confirma pas. *Guendje-Youssuf-Pacha* avait marché avec

---

(10) *Grande étendue de côte, toute couverte de villages et de hameaux, habités par les* Djiwacems.

(11) *Le lecteur a vu plus haut qu'on entend par ce mot deux hommes armés de fusils et de lances, montés sur un même dromadaire.*

l'élite de ses troupes pour repousser l'ennemi, en cas qu'il parut réellement; mais ennuyé de l'attendre, ce visir, présumant qu'il avait pris une autre direction, s'impatienta et revint dans sa capitale pour y être remplacé, à la suite d'une déposition disgracieuse, par *Suléiman-Pacha*, d'Acre, lequel semble en ce moment-ci bien plus occupé du soin d'affermir son autorité dans le nouveau département qui lui a été confié, que de celui de prévenir les attaques de Seoûd.

On écrit de Bagdad, sous la date du 20 août, que les Anglais, après avoir détruit, comme on l'a vu plus haut, les corsaires Wahabiens, venaient de sommer l'émir Seoûd de leur céder, en toute propriété, les isles de *Bahrein* et de *Zebara*. Si cette cession a lieu (ce qu'on ne croit pas d'ailleurs), la compagnie des Indes se verra par-là non-seulement maîtresse de tout le golfe persique, mais encore en possession des bénéfices immenses de la pêche des perles, qui s'y fait habituellement.

TABLEAU

Des possessions territoriales de Seoûd, *émir actuel des Wahabis; suivi d'une courte notice sur la personne et la capitale de ce prince Arabe; dressé d'après les renseignemens fournis par son* Imam, *ou aumônier, qui vint à Alep au mois de septembre* 1809 (12).

Le Nedjede divisé en sept départemens.

Cette vaste province, qui occupe à peu près le milieu de la péninsule de l'Arabie, est le centre commun d'où l'on vit sortir, dans les premiers siècles du musulmanisme, d'innombrables essaims de familles nomades, qui couvrirent successivement les plus belles contrées de l'Orient; aujourd'hui même on doit la regarder comme une pépinière de tribus aguerries, toutes soumises à Seoûd, et habituées à pousser leurs excursions dévastatrices jusqu'aux rives de l'Euphrate. On sait d'ailleurs qu'elle fut le berceau du Wahabisme, secte redoutable qu'ont enfantée le fanatisme et l'ambition, et qui, par ses progrès rapides dans le chemin des conquêtes, fixe depuis long-tems sur elle l'attention du monde politique.

Le territoire du Nedjede, médiocrement fertile, ne produit que du blé, de l'orge et des dattes; le climat en est extrêmement chaud, mais salubre: il n'y coule presque point de rivières: des puits peu profonds et d'une eau saumâtre; quelques petites mares formées par les pluies de l'hyver: voilà les seules sources où se désaltère cette multitude immense d'hommes et de bestiaux qui peuplent un pays si aride. Outre les habitations ambulantes, composées de tentes noires, on y voit encore nombre de villes et de bourgades bâties en terre et en chaume, et situées agréablement sur le penchant des collines, ou au milieu des vallons.

Départemens.	Villes et Bourgades.	Tribus qui y habitent.	Chefs qui y commandent.
Djaûf	Djaûf Serrah Dère Dowma Sekkake	. . . .	Ibn-el-Dère. Ibn-el-Serrah.

---

(12) *Ce tableau fut envoyé, dans le tems, à l'illustre académicien qui avait daigné se rendre l'éditeur de la notice sur les Wahabis, lequel voulut bien le communiquer à notre collègue M. C.***, qui en a fait usage dans son histoire sur les mêmes sectaires, p.* 176 *et* 214.

Départemens.	Villes et Bourgades.	Tribus qui y habitent.	Chefs qui y commandent.
DJÉBEL-SCHAMMAR..	Djébel Kefar, Haït, Kasr, Mustédjede, Râbé, Mowaffek, Okda, Sebân, Selmé, Adja, Seméiré	Béni-Témim Chammar	Ibn-Muhammed-Ali.
KACIM....	Kacim, Béridé, Onéizé, Rès, Khadrâ, Kassab, Rawda, Schakké, Ioun, Wouçâ, Khebrâ, Riadh, Khebouth, Nebhanié	Schemas Bouéilan Djenah Réschid Seghéir	Hedjéilan.
WASCHIM...	Waschim, Schakra, Schéidjer, Feráa, Keraïn, Kouéïyé, Sermeda	Anazer Wahbé	Abou-Zéide.
SEDÉIR	Sedéir, Awda, Schemacié, Seferra, Heréimlé, Madjméa, Mulka	Rasched Sultan	Ebn-Salem.
KHARDJE...	Kardje, Heréidje, Séih, Wâdi	Hazazené	. . . . . .
DRÉÏÉ.....	Dréïé, Riadh, Aïnié, Ardja, Kacirin, Manfouha, Derma, Zulfi, Djebéïlé	Mudjrèn	Seoud et ses enfans

Pays et chefs de tribus récemment soumis à Seoûd.

Le Wahabisme a pris, comme on l'a vu plus haut, naissance dans le *Nedjede*. Cette province est son patrimoine : les suivantes se sont rangées sous ses lois à mesure que celles-ci ont pu s'affermir et se propager par des armées de fanatiques.

Départemens.	Villes et Bourgades.	Chefs qui y commandent.
YEMEN. *Nota.* Toutes les villes de ce département ont subi le joug des Wahabis, à l'exception de *Mokha, Adèn, Sand* et *Zubéide*.	Hayé	Abou-Nokta.
	Assir	le même.
	Abouschehr	Abou-Musmar.
	Nedjran	le même.
	Béni-Mardjef	Ibn-Modiân.
	Bisché	Ibn-Schekban.
	Riné	le même.
HEDJAZE ou AKLIM-IL-KEBLÉ. (Région du Midi.)	Yembô	Ibn-Djebara.
	Mekké	Il-Modaïfi.
	Médiné	le Schérif.
	Djidda	»
	Seferra	»
	Wadi-Feteymé	»
	Taïf	»
	Hodjr	»
	Khaïbar	»
	Djubba	»
	Téima	»
LAHSA ou IL-HASSA.	Lahsa	Ibn-Modiân.
	Il-Katif	Muhammed-il-Djacèm.
	Bahréin (les isles de)	Ibn-Halifé.
	Zebara	le même.
	Hadidé	Ibn-Musmar.
	Oman	les frères de l'Imam de Mascate.

De la personne de l'émir Seoûd, de sa famille et de sa capitale.

Seoûd est âgé de quarante ans et a une phisionomie agréable et pleine de noblesse; courageux et inébranlable dans ses résolutions, il gouverne les Wahabis avec une autorité absolue, et ne leur pardonne jamais quand ils manquent à leurs devoirs. Scrupuleusement attaché aux moindres pratiques de la religion, on le trouve continuellement entouré de *Mullas* érudits, qui l'édifient par des lectures spirituelles, et enseignent à ses enfans la théologie, la jurisprudence et les belles-lettres. Tous les vendredis il va faire ses prières dans quelque mosquée publique. Plus de vingt-mille individus de toutes les classes le suivent à ces époques ; et à la fête du *Ramadhan*, ainsi qu'à celle du *Korban* ou des sacrifices, tous les chefs de la nation étant assemblés, il se transporte, en grande solennité dans le désert, pour y invoquer le Tout-Puissant, suivant l'ancienne coutume des Arabes. Il a quinze fils, quatre filles, trois frères, cinq sœurs et deux femmes. Sa résidence ordinaire, capitale de tout l'empire Wahabien, est *Dréïé*, ville non-fortifiée, située dans une vallée qui, par ses points de vue pittoresques et ses nombreuses plantations, offre un tableau agréable, dont les montagnes environnantes forment le cadre. Les maisons, au nombre de 6,000 à-peu-près, groupées par masses, et bâties en partie de pierres et de briques, se déploient sur les deux bords d'un grand ravin nommé *Wadi-Hanifé*, qui se dirige de l'E. à l'O, dans une longueur de cent lieues. Ce ravin se remplit, en hyver, par les eaux du ciel : les chaleurs de l'été le mettent à sec; cependant on trouve dans son lit une quantité prodigieuse de puits, qui pourvoient non-seulement aux besoins journaliers des habitans, mais encore à l'arrosage de leurs jardins et de leurs champs, où croissent le palmier, le grenadier, l'abricotier, le pécher, la vigne, toute sorte de légumes et de plantes potagères ; du blé, de l'orge et du maïs. — Dréïé a à-peu-près trois lieues de circuit. Il renferme 28 mosquées et 30 colléges. Les premières, contre l'ordinaire des temples musulmans, ne présentent aucune espèce de décorations intérieures, n'ayant d'ailleurs ni *minarèts* ni *dômes* : quant aux derniers, ils sont destinés à l'instruction de la jeunesse, qui y va prendre leçon deux fois le jour, excepté les vendredis. Du reste on n'y voit ni bains, ni cafés publics. Les *bazars*, qui ne consistent qu'en boutiques portatives de roseau, s'étendent dans le ravin de Hanifé, d'où on les transfère ailleurs, lorsque les eaux s'y accumulent. La ville a deux faubourgs, l'un nommé *Tereïf*, qui se déploie au nord, est la résidence de Seoud et de ses parens. L'autre, situé du côté opposé, s'appelle *Bedjéiri* : le *Kadi*, ou chef spirituel, y habite avec les gens de loi. — A cinq lieues O. de Dréïé, dans une courbure du ravin, gît la petite ville de *Djebeilé*. Celle d'*Aïnié* est un peu plus loin vers le S. O. — Les montagnes qui entourent Dréïé se divisent en trois chaînes : celle qui s'étend du N. au S., s'appelle *Toeïk*, et forme à sa partie méridionale, une gorge très-étroite, par où passent les caravannes qui se rendent dans les contrées occidentales du Nedjede. Les deux autres chaînes, qui se rattachent à la première, courent de l'E. à l'O. presque parallèlement entr'elles, et sous la dénomination commune de *Khour* : l'intervalle qui les sépare est de cinq lieues et demie: elles offrent, à leur pente, une multitude de jardins et de hameaux ; et se terminent à 4 heures au-delà de Dréïé.

PRÉCIS HISTORIQUE

Sur l'origine du Wahabisme *et sur les expéditions militaires de* Schéikh-Muhammed, *d'*Ibn-Seoûd, *d'*Abd-il-Aziz *et de* Seoûd, *jusqu'en* 1224 *de l'hedjire* (1810); *rédigé d'après un manuscrit original, reçu de Dréié même, et qui a pour auteur le* Schéik - Suléiman - il Nedjedi (*natif du Nedjede*).

Schéikh-Muhammed, fils d'*Abd - il - Wahab*, fondateur de la secte, qui porte le nom de ce dernier, naquit à *Hereïmlé* (13) (village du Nedjede, peuplé par quelques familles de la tribu de *Témim*), avait étudié la théologie et la jurisprudence musulmanes sous un savant *Mulla* de *Sand*. Il joignait à ce premier avantage celui non moins précieux d'une éloquence naturelle, et de la piété la plus pure. Voyant l'extrême ignorance où étaient tombés les Arabes, sur la religion qu'a enseignée le Prophète, il conçut de bonne-heure le généreux dessein de les arracher aux funestes erreurs d'une superstition qui les conduisait insensiblement à l'idolâtrie ; ne cessant de répéter, dans son indignation, ces versets du livre sacré : » alors vous ne trouverez pas un seul » peuple qui croie en Dieu, et dont les débordemens puissent » être réprimés par la crainte du feu éternel..... Le paradis » est fermé pour ceux qui donnent un compagnon au Tout-» Puissant (14), les flammes de l'enfer deviendront tôt ou tard » son séjour ». — Lorsqu'il fut plus avancé en âge, la conduite de son père même, qui se livrait à l'usure et aux autres pratiques de l'avarice, commença à le révolter : il lui en fit des reproches amers, l'indisposa par cette hardiesse contre lui, et dût, pour se soustraire aux mauvais traitemens dont il l'accablait, se retirer furtivement à Bassora, d'où il se rendit peu après à la Mecque, et ensuite à *Aïnié*. Là il s'appliqua, pendant plusieurs années, à prêcher la véritable religion, et à donner l'exemple des bonnes-mœurs. Une émeute populaire, dans laquelle il pensa périr, pour avoir voulu faire condamner à mort une femme adultère, l'obligea à se réfugier à *Dréié*, où régnait alors *Muhammed-Ibn-Seoûd-Abou-Abd-il-Aziz*. Cet émir ou prince le reçut favorablement, et lui promit de l'aider à répandre la doctrine qu'il enseignait, et dont les principes s'accordaient assez bien avec ses propres vues d'agrandissement.

Schéikh-Muhammed demeura quelques mois auprès d'Ibn-Seoûd, qui, au bout de ce terme, lui donna un petit détachement de *Rekabs* (15) pour commencer ses courses apostoliques. Le

---

(13) *Voyez, pour la plûpart des lieux dont il est parlé dans ce précis historique, le tableau de la page* 23.

(14) *Nous présumons que ces passages sont altérés dans le manuscrit reçu de Dréié.*

(15) *Gens de guerre, montés sur des chameaux.*

Schéikh (16) de *Riadh* fut le premier chef qui se déclara contre le nouveau prophète : il lui fit, pendant plusieurs années, une guerre opiniâtre, qui se termina par sa propre défaite, et par la prise du lieu dont il était le gouverneur héréditaire.

Après ce succès, Schéikh-Muhammed, dont les forces augmentaient chaque jour, fit une excursion vers le *Nedjran*, et en revint avec une perte de douze cents hommes ; mais loin de se décourager, il se remit incontinent en campagne, et attaqua les Arabes de la tribu de *Murra*, qu'il vainquit, et réduisit à l'obéissance, en s'emparant de tous leurs biens. Presqu'au même tems les habitans de *Djebeïle* lui ouvrirent leurs portes et le retinrent cinq ans parmi eux, pour profiter de ses instructions pastorales. *Arka* ne tarda pas à suivre l'exemple de cette ville. *Tarmeda*, *Karaïn*, et *Racice*, trois bourgades du district de *Waschim*, se soumirent également ; et les chefs qui y commandaient devinrent les plus zélés partisans du musulmanisme réformé, se conformant, en cela, à ces paroles du Koran » tout vrai croyant doit consacrer » sa vie et ses biens à l'extension de la foi, en combattant dans le » chemin de Dieu ».

La puissance de la nouvelle secte que venait d'organiser Schéikh-Muhammed, donna de l'ombrage à *Sadoun*, émir de *Lahsa*, qui marcha vers Dréïé avec une armée de dix mille hommes ; mais ayant trouvé cette ville bien fortifiée, et ses habitans disposés à se défendre vigoureusement, il s'en retourna tout confus chez lui, sans avoir pu leur faire aucun mal. A peine délivrés de l'inquiétude de ce siége, les Wahabis fondirent, au nombre de mille *Mardoufas* (17), sur le territoire de *Khardjé*, ayant à leur tête *Abd-il-Aziz*, fils de Seoûd : ils y tuèrent beaucoup de monde, et se rendirent maîtres des six villages populeux qui composent ce canton et dont le plus considérable, nommé *Yamama*, est à trois journées de Dréïé. L'expédition ne coûta qu'une perte de douze hommes seulement aux *Musulmans*. (18)

Ce fut à cette époque que Shéikh-Muhammed parcourut la province de l'Yrak, dans la vue d'y accréditer ses principes religieux ; mais, comme dit l'auteur du manuscrit d'où nous tirons ces détails, il en trouva les peuples trop attachés aux vains plaisirs du monde, et nullement disposés à recevoir les impressions de la grâce. Aussi les abandonna-t-il à leur aveuglement, et fut chercher des prosélytes à *Médine*, dont les habitans entraînés par un penchant irrésistible à l'idolâtrie, lui firent essuyer toutes sortes de dégoûts et d'humiliations : ce qui le détermina à retourner, après une absence de plusieurs années, à *Hereïmelé*, son village natal ;

---

(16) *Ce titre signifie tantôt un chef spirituel, un saint personnage ; tantôt un gouverneur, un prince.*

(17) *Nous avons expliqué plus haut ce que signifie ce mot.*

(18) *Il faut remarquer que les Wahabis ne sont pas autrement nommés dans le manuscrit de Dréïé que nous avons sous les yeux. Nous les appellerons souvent nous-même ainsi ; et pour éviter toute confusion, nous qualifierons, avec l'auteur, les autres Arabes non-convertis, de* Muschrekin, *c'est-à-dire, impies, qui partagent leur encens entre Dieu et les hommes.*

mais n'y ayant pas plus réussi que dans les autres lieux qu'il venait de visiter, à faire briller la lumière de la foi (19), il en sortit précipitamment et vint s'arrêter de nouveau à *Aïnié* qui était gouvernée alors par *Ibn-Mômar*, dont il épousa la sœur. Peu de jours après son mariage, ayant fait punir de mort une femme accusée d'adultère, et parente de *Suléiman*, émir de Lahsa (20), celui-ci, qui était très-puissant, écrivit à Ibn-Mômar qu'il irait l'attaquer avec des forces supérieures, s'il ne lui livrait pas son allié. Intimidé par cette menace, le gouverneur d'Aïnié voulut arrêter Schéikh-Muhammed; mais sa femme lui facilita les moyens de se sauver, et il fut rejoindre, en toute hâte, Ibn-Seoûd, qu'il avait depuis long-tems quitté; mais qu'il ne trouva plus le même à son égard: le prince de Dréié avait essuyé des revers de fortune; il craignait Suléiman; et n'était, par conséquent, guères porté à favoriser son ancien collègue, dont les opinions qu'il connaissait bien, ne pouvaient plus lui servir de règles dans le nouveau plan de conduite que la force des circonstances lui avait fait adopter. Cependant il ne put lui refuser l'hospitalité. » Je ne te demande, lui disait le schéikh, que de me laisser » tranquillement accomplir ma mission : si tu ne veux pas y » prendre part, tant pis pour toi ; les démons de l'enfer te » tendent déjà les bras, et ils finiront par t'attirer dans leur four- » naise ardente. » Comme il avait beaucoup de partisans parmi le peuple, il se vit bientôt entouré de cinq cents satellites toujours prêts à braver les dangers et la mort, pour mériter ses saintes bénédictions. D'ailleurs, les habitans d'Aïnié, de l'armada et de plusieurs autres villes lui étaient restés fidèles: les parens même de Seoûd inclinaient pour lui; ensorte que cet émir se vit comme obligé de rattacher son sort au sien, en se montrant de nouveau le zélé défenseur du Wahabisme.

Schéikh-Muhammed voulait se venger d'*Ibn-Mômar*, qui l'avait lâchement trahi. On vient de voir que les Arabes d'Aïnié étaient tous portés pour ses intérêts: il n'hésita pas donc à marcher contre son beau-frère, l'attira dans une ambuscade, le fit prisonnier et lui coupa la tête. Pendant cette expédition, *Abd-il-Aziz*, fils de Seoûd, envahissait le *Kacim*, et s'emparait de *Helalié*, *Aredh* et *Hermé*; trois bourgades très-peuplées dont les deux premières obéissaient à *Ibn-Déwas*, et les deux dernières à *Nasser-ibn-Ibrahim*. En même-tems la tribu de *Sabt*, branche de celle de *Dhafir*, soumise à l'émir *Faicèl*, se rangea sous ses drapeaux, et lui offrit des subsides en argent, et des recrues d'hommes et de chameaux. Ce surcroît de forces le mit à même de pousser plus loin ses excursions. Entraîné par le prestige de la gloire, il franchit les limites occidentales du Nedjede, et rencontra une bande de *Ghazous* (21) faisant partie de la milice du Yemèn, qu'il tailla en pièces, et dont il fit prisonnier le chef nommé *Youssef*, qui

---

(19) *Autres expressions de l'auteur du manuscrit, dont il nous arrivera quelques fois de rapporter textuellement des passages entiers dans le cours de notre travail.*

(20) *Il avait succédé, dans la principauté de cette ville, à son père Sâdoun, dont il a été parlé plus haut.*

(21) *Maraudeurs, troupe de gens armés en course.*

était neveu du gouverneur de cette grande province. Le combat avait eu lieu proche de *Nedjran*, une de ses villes frontières, dont les habitans appelèrent à leur secours plusieurs tribus voisines, et marchèrent en force au-devant d'Abd-il-Aziz, qui s'avançait toujours. Ils le joignirent comme il entrait sur le territoire de *Haïr*, où les deux partis s'entrechoquèrent avec fureur. Cette fois-ci les musulmans furent complettement défaits, et perdirent plus de huit mille hommes, parmi lesquels se trouvaient les trois frères d'Abd-il-Aziz, qui ne dut son salut qu'à la vitesse de la jument qu'il montait.

De retour à Dréïé, le fils de l'émir ne put dissimuler à Schéïkh-Muhammed tout le chagrin que lui causait cet échec, et le peu d'espoir qu'il avait de pouvoir exciter de nouveau ses troupes découragées, à aller affronter de lointains hasards. » Je m'apperçois, » lui dit le schéïkh, que tu es un homme pusillanime et sans » confiance dans les secours du ciel. Si les ennemis ont détruit » une de nos armées, est-ce une raison pour craindre qu'ils renversent » une religion que j'ai fait revivre, et dont les fondemens » furent posés par la main de Dieu? Quand tu verras les chèvres » du désert ébranler de leurs cornes débiles la triple chaîne du » *Touëik* (22), alors, seulement, il te sera permis de croire qu'ils » viendront à bout de leur dessein ».

Après ce court entretien, Schéïkh-Muhammed se retira dans son *khalwé* (cabinet), pour délibérer en lui-même sur les moyens d'opérer un rapprochement entre son parti et les Arabes de Nedjran, qui, enhardis par la victoire qu'ils venaient de remporter, marchaient à grandes journées sur Dréïé ; tandis que le gouverneur de Lahsa se disposait, de son côté, à venir mettre une seconde fois le siège devant cette ville. Le soir même il députa aux premiers un de ses affidés nommé *Faissal-ibn-Souëit*, avec mille sequins, plusieurs *délouls* (dromadaires) de race et quelques esclaves abyssiniennes, en leur écrivant d'agréer ces dons à titre d'indemnité, et de couvrir du voile de l'oubli la scène sanglante qui s'était passée entre les siens et eux. Cette réparation solennelle satisfit les ennemis; et ils s'en retournèrent chez eux avec l'assurance de n'être plus inquiétés de long-tems par les *Ghazous* Wahabiens. Quant au gouverneur de Lahsa, il se présenta en effet devant Dréïé avec une nombreuse armée; mais le schéïkh, accompagné de Seoûd et de ses enfans, fit plusieurs sorties contre lui, le convainquit par-là qu'il était en état de se défendre, et l'engagea enfin à se retirer, moyennant quelques présens qu'il lui fit en numéraire et en chameaux.

Incontinent après cette espèce de pacification, Abd-il-Aziz se remit en course, et commença par soumettre les Arabes *Mottayar*. Il attaqua ensuite ceux de la tribu de *Murra*, en fit périr un grand nombre dans plusieurs combats qu'il leur livra consécutivement, pilla tous leurs biens, et retourna triomphant à Dréïé, après avoir partagé le butin entre ses soldats, et détruit tous les monumens funéraires et lieux de dévotion qu'il rencontra sur sa route; se conformant, en cela, aux paroles même du Prophète, qui

---

(22) *Montagne dont les ramifications s'étendent circulairement autour de Dréïé.*

recommandait à ses lieutenans d'abaisser les tombeaux élevés, et de faire disparaître de dessus leur surface les diverses représentations et ornemens quelconques, dont ils les trouveraient revêtus.

Abd-il-Aziz n'avait perdu dans cette expédition que quinze hommes seulement. Bientôt il tourna ses armes contre les arabes *Adjmans*, et arriva sur leur territoire au bout d'une marche pénible et accélérée de vingt jours : il n'eut pas de peine à les dompter, et se dirigea de là vers *Heréimele*, qui avait jusqu'alors diféré de se rendre : il prit d'assaut cet endroit, y laissa une garnison de trois cents hommes, et fut surprendre, en rebroussant chemin, les habitans de *Yamama* qui s'étaient révoltés, et dont il fit un massacre épouvantable, en épargnant, toutes fois, les femmes et les enfans.

Pendant qu'Abd-il-Aziz volait de succès en succès, Schéikh-Muhammed, resté à Dréïé, ne cessait d'enflammer le zèle de ses sectateurs par des exhortations journalières : il joignait l'exemple à ses discours onctueux, en s'acquittant scrupuleusement des moindres devoirs de la religion, en consolant les malheureux, en visitant les malades, et en faisant d'abondantes aumônes aux pauvres. On le voyait même, dans des tems de disette, priver sa propre famille du nécessaire, pour subvenir aux besoins du peuple affamé.

Abd-il-Aziz poursuivait toujours ses victoires. Les Arabes *Sabf* ayant osé le braver, il les attaqua brusquement, tua leurs principaux chefs et les taxa à une amende de mille chameaux et de trois mille chèvres. La tribu de *Béni-Khaled* fut réduite à son tour: après l'avoir vaincu à *Dehné*, lieu aride où coule un petit ruisseau nommé *Ssafia*, il la dépouilla de tout ce qu'elle possédait, et lui donna pour gouverneur un de ses propres parens.

Ce fut à cette époque que s'alluma une nouvelle guerre entre les Wahabis et le fameux *Dehham-ibn-Déwas*, ancien gouverneur de Riadh, qui avait un puissant parti dans le *Kacim*. Ce chef turbulent s'était joint d'abord à *Ibn-Hermel*, qui avait été dépossédé par Abd-il-Aziz de ses états du *Khardje* et ensuite à l'émir de *Lahsa*, dont rien ne pouvait appaiser la haine invétérée contre Schéikh-Muhammed. Les trois coalisés fondirent à plusieurs reprises sur le Dréïé ; mais ils en furent constamment repoussés par les armes *musulmanes*, qui ne souffrirent aucun déshonneur pendant cette longue et sanglante lutte (ce sont les expressions de l'auteur du manuscrit). Depuis lors Abd-il-Aziz confia le commandement des légions à son fils *Seoúd*, et ne quitta plus la capitale. Le premier exploit du nouveau généralissime fut l'envahissement de la province de *Waschim*, où un certain *Schéikh-Dereïbi* n'avait cessé de souffler le feu des dissentions civiles. Il battit ensuite les arabes *Amerés*, et acheva de soumettre le *Kacim*, où l'on compte trente-deux bourgades, dont les deux principales sont : *Béridé* et *Ras*. Seoúd était d'ailleurs puissamment secondé par *Abdallah-ibn-Raschid*, que son père lui avait donné pour co-adjuteur, et dont l'intrépidité seule lui valut une grande et mémorable victoire qu'il remporta sur la tribu de *Mezine*, alliée du prince de Lahsa, l'ennemi mortel du Wahabisme.

Ibn-Raschid fut nommé par Abd-il-Aziz, en récompense de son zèle et de sa bravoure, gouverneur du Kacim. Dans ces entrefaites, *Touéini*, chef de la horde des *Muntefiks*, prit Lahsa sur Suléiman, fils de Sâdoun; et assisté par l'*imam* de Mascate, qui lui avait fourni quelques pièces de canons, il marcha contre le *Dréïé*, en laissant son fils pour lieutenant dans la ville dont il venait de se rendre maître; mais il fut vivement repoussé pas les Wahabis, perdit son artillerie avec deux cents chameaux chargés de munitions de guerre, et retourna honteusement sur ses pas depuis *Schakrié*, place frontière du Kacim.

Cette année..... (elle n'est point marquée dans le manuscrit) *Hodjeilan*, un des généraux Wahabien, et le digne émule de Seoûd, entra dans le *Djébel-Schammar*, à la tête de quatre mille hommes; y fit mettre à mort un fameux sorcier qui en égaroit les habitans, par le prestige de ses enchantemens; détruisit tous les mausolées consacrés par la superstition; leva des impôts extraordinaires, établit partout des commissaires de police et des garnisons, et fut de là réduire à l'obéissance les tribus de *Schérara* et *Déhamesché*, l'une dans le district de *Djaûf*, l'autre dans celui de *Horra*.

Nota. — Comme l'auteur du manuscrit a totalement négligé de marquer les dates, et qu'il nous devient de plus en plus impossibe de suppléer à ce vice de rédaction, nous allons, pour ne pas embrouiller davantage la masse des faits qu'il rapporte isolément, sans s'assujétir à aucun ordre chronologique, le suivre pas-à-pas dans le récit des expéditions ultérieures de Seoûd et de ses généraux.

EXPÉDITION *de* Seoûd *contre les Arabes de la tribu de* Béni-Khaled, *et contre* Lahsa.

Lorsqu'il se trouva campé sur les bords du ruisseau de *Djouda*, et à peu de distance des postes avancés de la tribu rebelle, il n'osa pas risquer la bataille, parce que ses troupes ne lui paraissaient pas suffisantes. Il attendit la jonction des renforts qu'il avait demandés à son père, et dût, aussi-tôt leur arrivée, poursuivre l'ennemi, qui se retirait en désordre jusqu'à *Saffa* (23), où il l'attaqua brusquement, et lui tua plus de deux mille hommes. Après cet exploit il revint à Dréïé, d'où il se dirigea sans perdre de tems, sur Lahsa, qui, après quelque faible résistance, finit par se soumettre. Cette ville, située à 25 lieues de la mer, et qui fut pour les Wahabis une acquisition importante, avait appartenu autrefois aux *Romains* (ce sont les expressions du texte). Seoûd s'en empara sur *Ibn-Hamid*, qu'il mit à mort. Elle est très-populeuse et entourée d'immenses plantations de palmiers qui s'étendent à deux journées à la ronde. Elle occupe le penchant de la montagne de *Karé*, des flancs de laquelle jaillissent trois cents soixante sources d'eau vive, dont l'une connue sour le nom de *Harré*, est extrêmement chaude. Du reste, le territoire abonde en riz de l'espèce qu'on appelle *Nakkazé*, et produit d'excellentes dattes.

---

(23) *Nom de territoire.*

Seoûd fit bâtir à Lahsa deux forts (24), et y établit des garnisons nombreuses pour contenir les habitans dans le devoir, et mettre la place à couvert de toute agression étrangère — Non loin de là sont les deux petites villes de *Hefouf* et *Mobarrez*, dont il confia l'intendance à *Suléiman-ibn-Madjed*.

*Bataille d'*Adwé, *gagnée par Seoûd, sur les arabes* Schammar Mottayar *et autres*.

Il avait été comme cerné à *Rawda* (25) par leurs bandes mobiles mais il se fit jour à travers elles, et fut les attendre à *Adwa* (26), où il les battit complettement. Cette victoire décida du sort du Nedjede, qui dès-lors passa tout entier sous la domination Wahabienne.

Conquête de Médine *et de la* Mecque, *par le même*.

Le *schérif Ghalèb* avait provoqué lui-même cette expédition qui lui devint funeste, en voulant s'approprier quelques cantons du *Nedjede*, voisins de ses terres. Seoûd fit d'abord marcher contre lui *Dahez*, gouverneur de *Béride*, lequel revint chargé d'un riche butin enlevé aux environs de Médine. Bientôt l'émir se mit lui-même en mouvement à la tête de dix mille *Mardoufas*, et en moins de deux mois de siége et de combats sanglans, se rendit maître de cette ville : la Mecque tomba peu après en son pouvoir, et le schérif se réfugia à Djidda. Le vainqueur transporta à Dréié tous les objets précieux qui se trouvaient déposés dans la *Kaba* et sur le tombeau du Prophète.

Prise de Turbé, *par le même*.

Il avait marché au plus fort des chaleurs et avec cinq mille *Mardoufas*, contre cette ville, située à cinq journées de la Mecque. Un grand nombre d'habitans périt dans les divers assauts qu'il y donna ; leurs maisons furent livrées au pillage, et la récolte des dattes, dont le territoire abonde, devint en même-tems la proie des vainqueurs.

*Expédition d'*Ibn-Afaïssan, *commandant de la province de* Kardje, *contre* Koueït, *petite ville de la dépendance de Bassora*.

Il rencontra, chemin faisant, une bande de *Béni-Husseins*, qu'il tailla en pièces ; mais la place qu'il esperait surprendre lui résista vigoureusement, et il dut, après y avoir donné plusieurs assauts inutiles, lever le siége, et tourner d'un autre côté ses vues hostiles.

---

(24) *Dont le plus considérable s'appelle* Ssahoûd.
(25) *Petite rivière du Nedjede*.
(26) *Autre rivière du Nedjede*.

Diverses autres expéditions faites par les généraux de Seoûd.

Hodjéilan réduit les Arabes *Dowlé*. — *Abdallah*, fils d'Afaïssan, ravage les environs de Bassora, et y enlève une grande quantité de bestiaux. — *Ibn-Mókal*, gouverneur de Schakra, extermine toute une tribu rebelle dans le territoire de Médine. — *Barghasche*, un des anciens frères d'armes d'Abd-il-Aziz, entre dans l'Irak avec quinze cents mardoufas et mille chevaux, détruit plusieurs hameaux, et dépouille la grande tribu de *Módjal* de tous ses biens. — *Deréibi*, gouverneur de Khaibar, bat la horde de *Djohéiné* et la fait rentrer dans l'obéissance. — *Salèm*, un des généraux de Seoûd, envahit l'*Omman*, à la tête de huit mille mardoufas, et force les habitans de cette province, qui enclave plus de trente villes et bourgades, à payer tribut à son prince. — *Muhammed-ibn-Abdallah* soumet le pays de *Harb*. — *Ibn-Mókal* tente de s'emparer de *Zobéir*; mais il échoue dans cette entreprise, et ses exploits se bornent au dépouillement d'une caravanne qui se rendait de Bassora à Imam-Hussein. — *Hassan* et *Faridje*, deux chefs de légion, envoyés en maraude dans le Hedjaze, y remportent plusieurs victoires signalées sur les tribus nomades de cette province. — L'émir *Sekban*, lieutenant de Seoûd, fait alliance avec les Arabes *Kahtan*, et attaque brusquement Taïf, où s'était retranché le *Schérif-Ghaléb*; oblige ce chef fugitif et errant à évacuer la place, lui tue beaucoup de monde, et fait rentrer la Mecque et Médine, qu'il avait entraîné de nouveau dans son parti, sous la domination Wahabienne. Ce fut à cette époque que les vainqueurs détruisirent tous les monumens que la superstitieuse piété des *Muschrekin* avait élevés dans ces deux villes. — *Ibn-Dáre*, un des plus puissans chefs du Nedjede, récemment converti au Wahabisme, entreprend de s'emparer du *Djaúf* sur *Ibn-Sarrah*: une guerre longue et cruelle s'allume entre les deux compétiteurs. Seoûd les pacifie en décidant qu'ils partageront le gouvernement de cette province. — *Hodjéilan* et *Masoûd-il-Modaïfi*, commandans de la province du Hedjaze, empêchent la grande caravanne de Damas d'entrer à la Mecque, la dépouillent en partie, et la font rebrousser chemin. — *Ibn-Kermelé* soumet une tribu rebelle du Yemén. — Le même *Hodjailan* tombe sur la tribu de *Mottayar*, dont la fidélité était devenue suspecte, la met en déroute, et lui enlève tous ses bestiaux. — *Suléiman-Ibn-Madjed* surprend quelques villes du Nedjran, où avaient éclaté des mouvemens de sédition, fait mettre à mort plusieurs chefs des révoltés, et établit partout des postes militaires pour contenir les mutins et assurer la marche des caravannes. — *Ibn-Muzawar* enlève les chameaux des Arabes *Sabt* et leur tue quelques centaines d'hommes. — *Haidal* entre dans le Djaûf et livre au pillage plusieurs bourgs. — *Muscharraf*, chef de la tribu de *Béni-Khaled*, devenu un des plus dévoués partisans du Wahabisme, envahit subitement le territoire de Bassora, et y enlève tout ce qu'il trouve de bestiaux, ainsi que la riche et abondante récolte des dattes.

L'auteur du Manuscrit, en achevant le récit minutieux de toutes ces expéditions, ajoute que les plus fameuses furent celles de Zobéir, Lahsa, Turbé, Taïf, Kacim, Sedéir *et* Imam-Husséin; dans chacune desquelles marchèrent, dit-il, plus de cent mille Wahabis, soit sous les ordres immédiats de Seoûd, comme sous ceux de ses généraux. On aura remarqué, cependant, qu'il ne fait pas seulement mention de la dernière; et cette omission paraîtra sans doute très-surprenante.

REMARQUES

Sur quelques coutumes particulières des Wahabis; sur leurs habillemens, meubles, occupations, passe-tems, chants de joie et de guerre, manière de combattre, etc., avec une description abrégée du désert et des animaux qui en sont indigènes.

———※———

Les Wahabis, comme le reste des Arabes en général, sont naturellement hospitaliers, et accueillent humainement les étrangers, excepté les *musulmans*, qu'ils traitent de blasphémateurs et d'impies (v. p. 27 et la note 18). Nous avons déjà expliqué le motif de leur haine implacable contre ces derniers, ainsi que celui de l'espèce de tolérance qu'ils exercent envers les chrétiens et les juifs (p. 7). Le lecteur aura vu encore (même p. et la suivante) un léger tableau de leurs qualités phisiques et morales. Nous ajouterons ici qu'à une figure intéressante, quoique hâlée par l'ardeur du soleil, une taille moyenne et souple, et des gestes pleins d'expression, ils joignent une vue perçante et un odorat extrêmement subtil. On assure qu'ils distinguent les objets à de grandes distances, même plusieurs heures après le coucher du soleil, et qu'en flairant seulement la fiente de chameau qu'ils ramassent dans le désert, ils jugent, sans jamais se tromper, de l'intervalle qui s'est écoulé depuis que l'animal a passé par les lieux ; mais un fait dont nous n'avons pu, jusqu'à présent, nous rendre compte, c'est qu'on rencontre parmi leurs diverses hordes, beaucoup d'individus dont les cheveux sont presque crépus comme ceux des nègres, et que sur mille d'entre eux, il n'y en a peut-être pas un seul qui ait la barbe blanche, ou quelque difformité naturelle : du reste, les deux remarques que nous venons de faire s'appliquent non-seulement à ces sectaires, mais encore à tous les Arabes en général, surtout à ceux de la partie centrale de la péninsule.

Revenons aux Wahabis, que nous avons partagés en trois classes (p. 5) et subdivisés ensuite en gens de guerre, laboureurs et artisans (p. 8) : ils n'ont d'autre domaine que l'immensité même du désert, d'autres biens réels que les bestiaux qui les entourent, et dont le laitage et la toison leur fournissent de quoi se nourrir et se vêtir. Des moutons, des chameaux, des chevaux et quelque peu de chèvres; voilà en quoi consistent ces bestiaux. On ne trouve des ânes et des bœufs que chez les habitans des hameaux et des villes, qui s'adonnent aux travaux de la terre.

Nous avons dit que ces sectaires vivent dans la plus parfaite harmonie de sentimens et de procédés (page 7). Ils se traitent mutuellement de frères : jamais on ne voit chez eux le riche opprimer le pauvre. Le serviteur obéit au maître parce qu'il en reçoit un salaire; mais il s'asseoit et se couche à côté de lui, et mange à la même table. Ses droits à la liberté, ce premier attribut de la vie pastorale, le rendent en tout égal à celui qui le paie et le nourrit. Deux seuls motifs peuvent rompre les liens de la concorde et de l'intimité qui unissent étroitement les tribus :

l'*abigéat* ou le *meurtre* : la cause d'un individu devient celle de tous les siens; et pour que la paix puisse se rétablir entre les partis divisés, il faut, comme ils le disent, que *le troupeau remplace le troupeau ; ou que le sang coule pour faire taire celui qui a déjà été versé* ; en sorte que si la quantité de bétail volée est restituée, soit en nature, soit en objets équivalens, ou l'assassin livré aux parens du mort pour être égorgé par eux, alors toutes les difficultés s'applanissent; l'inimitié cesse ; les chefs respectifs profèrent, d'une commune voix, la formule de la reconciliation, ainsi conçue : *hafarné-wé-defenna* ; c'est-à-dire, nous lui avons creusé (à la querelle) un tombeau, et l'y avons enterrée; et la cérémonie se termine par une fête solennelle, accompagnées de décharge de fusils et de cris de contentement.

Les Wahabis se couvrent la tête d'un simple mouchoir de couleur (*kaffié*), qui se ceint sur le front par un cordon de laine (*akal*), auquel ils substituent souvent un autre mouchoir rayé de rouge et de jaune (*desmalé*). Leur chemise est blanche ou bleue. Ils revêtent par-dessus une casaque (*bischte*) qui leur descend jusqu'au gras de la jambe, et qui s'appèle *zeboun*, quand elle est plus longue, et de quelque prix. Cette casaque, ou ce zeboun, se serre peu au-dessous de l'estomac avec le *hezam*, ceinture de cuir dans laquelle passe le poignard (*schebrié*) (27). Ils n'ont point de caleçons, et vont ordinairement nu-pieds, ne se chaussant que dans des jours de cérémonie ; ils portent alors des *baboudjes* (espèce de pantoufles) et des *neals* (sandales). Rarement on les trouve bottés. En hyver ils s'affublent d'un large manteau de burre (*abaïé*). — Leurs femmes sont à-peu-près costumées comme eux. Elles ont la chemise, la casaque (celle-ci s'appelle chez elles *deffé*), la ceinture et le manteau. Leur mouchoir de tête, nommé *ghadfa*, est plus ample que celui des hommes ; et avec un de ses bouts flottans, elles se couvrent la gorge, et quelques fois aussi, par un excès de pudeur, une partie du visage, jusqu'à la hauteur des joues. Elles ont pour ornement des bracelets (*meçak*), (28) des bagues (*mahbas, khatem*), des pendans d'oreilles (*teraki*), des cercles d'argent aux pieds (*khalkal*), et des anneaux d'or au nez (*khezam*). Une partie de leurs cheveux pend en tresse (*keroun*); l'autre forme un toupet (*gudlé*) qui ombrage le front (29). Du reste, il leur est défendu de se peindre en bleu comme les autres *bédouines*, les lèvres, le menton, les bras et le sein (30) ; mais

---

(27) *La plûpart d'entr'eux en ont une seconde, collée sur la chair même (c'est le* bezim*) qui fait plusieurs fois le tour des reins.*

(28) *Souvent ces bracelets ne sont que de verre, et alors ils s'appellent* mudjawel.

(29) *Les hommes portent les leurs de la même manière.*

(30) *Cette défense est fondée sur le procédé même nommé* Dak, *qui consiste à picoter la partie avec une aiguille, pour en faire sortir le sang, qu'on saupoudre d'indigo ou de charbon pilé, et qu'on laisse ensuite s'extravaser en tous sens. Or, l'effusion de cette humeur si précieuse, qui contient les principes de la vie animale, est un crime chez les Wahabis, comme chez toutes les autres*

elles font usage du *kohl* (31) et du *henna* (32) pour se colorer les yeux en noir et les mains en rouge.

Les maisons des Wahabis, habitans des villes et des villages, sont construites, comme on l'a vu plus haut, en terre et en chaume ; et la simplicité de leurs ameublemens donne la juste mesure du petit nombre de besoins auxquels ils se trouvent assujétis. Sous leurs tentes, nommées *béït-il-schâr* (logement de poil), (33) cette simplicité est encore plus remarquable ; les femmes en occupent ordinairement le fond, et sont séparées des hommes par une mince cloison d'osier. (34) Elles pétrissent le pain, mènent les bestiaux à l'abreuvoir, font la cuisine, filent la laine et vaquent, en général, à tous les soins du ménage. Leurs maris, quand les ordres de l'*émir* ne les appellent pas à servir sous ses drapeaux, s'occupent à labourer la terre, à forger des ustenciles, ou à tisser de grossières étoffes de coton et de laine ; une fois leur travail achevé, ils s'amusent à chasser, jouent du *rebab* et du *zemar* (espèces de viole et de flageolet), se visitent les uns les autres, et assistent aux spectacles bouffons des jongleurs ambulans, que la religion tolère chez eux, en faveur de la curiosité publique. Au surplus, ils prennent grand plaisir aux narrations épiques, parce qu'elles leur retracent les exploits de leurs ancêtres ; ils aiment aussi les histoires merveilleuses ; et les chansons élégiaques ne charment pas moins leurs loisirs champêtres (35)

---

nations, quand elle n'est pas autorisée par la loi ; et c'est d'après ce principe, que le dak a été prohibé par leur législateur Scheïkh-Muhammed.

(31) *Préparation de tutie.*

(32) *Plante indigène du Dréïé, et de quelques autres parties de l'Arabie.*

(33) *On ne sera peut-être pas fâché d'avoir une idée de ces tentes : elles consistent en épais tissus de poil de chèvre, doublés souvent avec la peau de l'animal même, et ayant ordinairement, quand elles sont dressées, au moyen des arbres (*amad*), cordages (*tanab*), et piquets (*awtad*), de quinze à vingt pieds de profondeur, sur dix ou douze de largeur. Le pourtour s'étaye extérieurement par des fagots de broussailles rangés en talus, et s'ouvre toujours du côté opposé au soleil, pour donner entrée dans l'intérieur. En hyver, on a soin d'y creuser circulairement, et à une distance de quelques pieds un ruisseau (*nia*) destiné à faciliter l'écoulement des eaux de la pluie, qui, sans cette précaution, inonderaient toute l'habitation. La partie qu'occupent les hommes s'appelle *rabâ*, celle des femmes *raffa*, et la cloison qui les sépare, *katé*.*

(34) *On sait d'ailleurs que les femmes Arabes, en général, ne sont pas soumises à la loi de Mahomet, qui ordonne la réclusion du sexe.*

(35) *Du reste, la danse ne leur est pas défendue ; mais ils n'aiment que celle qui représente les combats : les femmes ont aussi la leur : celle-ci plus gaie, et moins tumultueuse, ne manque point d'expression.*

Voici une de ces dernières qui nous a été fournie par un de leurs musiciens, qui était venu, il y a quelque tems à Alep, pour s'y procurer des cordes de violon; elle a pour sujet les plaintes d'une belle adolescente nommée *Noura*, que ses parens veulent contraindre à épouser un homme vieux et difforme qu'elle déteste; et c'est la jeune personne qui y est censée exprimer sa douleur.

» On veut unir une tendre tige de jasmin à un vieux tronc » pourri : malheureuse *Noura !* Meurs mille fois, plutôt que de » consentir à ce sort affreux ! — Quoi ! moi épouser un squelette » hideux, dont l'haleine empestée dessèche les plantes du désert, » et en corrompt les eaux ! Le monstre m'offre pour cadeau ma» trimonial un couple de chameaux roux, cinquante brebis, » quatre chemises de toile fine, et une paire de bracelets dorés. » — Mais si je vendais à ce prix ma jeunesse et ma liberté, que » diraient de moi mes compagnes ? N'auraient-elles pas le droit » de me railler, en me voyant chargée d'un si vilain mari ? — » Aujourd'hui j'ai vu le tyran auquel on veut me sacrifier : son » nez ressemble au bec crochu d'un hibou, sa bouche à celle d'un » chameau, sa barbe aux buissons humides des bords de l'Eu» phrate, et sa voix à celle de la hyène. — Il a voulu me témoi» gner son amour. J'ai cherché un refuge dans le sein maternel ; » hélas ! j'en ai été repoussée avec dureté. J'ai couru alors me » cacher entre les jambes de la jument de mon père, qui brou» tait l'herbe devant notre tente. — Le fantôme m'y a poursuivi ; » mais la bête hospitalière indignée de sa témérité, a levé son » pied redoutable, et du premier coup, lui a fait sauter la seule » dent qui lui restait..... »

Nous pensons que les lecteurs seront bien aises de trouver à la suite de ce petit morceau, un autre échantillon du génie des Wahabis dans un genre tout différent : c'est une historiette qui nous fut racontée par le même individu, et que nous retrouvâmes quelques tems après, non sans une espèce de surprise, rapportée en très-beaux vers persans, dans l'*Ateschekédé* ou dictionnaire poétique de *Hadji-Lotfáli-Beg*.

» Un voyageur Arabe était à la veille de rentrer dans ses foyers, » au bout d'une longue absence. Adossé contre une motte de » gazon, il grignottait tranquillement son pain d'orge et ses dattes, » lorsqu'il se vit abordé par un chamelier de sa tribu, qui, l'ayant » reconnu, le salua civilement et s'assit à l'écart. Notre homme » n'eût rien de si pressé que de lui demander des nouvelles de sa » famille, sans pourtant l'inviter à manger avec lui. L'autre com» mença par lui annoncer que sa jument était pleine de vie, et » aussi belle et féconde qu'il l'avait laissée en partant. — Et mon » fils *Admed*, reprit-il ? — Le jardin de sa jeunesse embellit à » vue d'œil, et produit des fleurs toujours nouvelles. — Et sa » mère *Djémilé* ? — Elle se porte à merveille et ne fait que sou» pirer après ton retour. — Et ma chaumière ? — Son toit ne cesse » de menacer la voûte céleste, alors que les malheureux y trou» vent, comme à l'ordinaire, un asile assuré et des soins hospi» taliers. — Et mes dromadaires ? — A force d'engraisser et de » croître, leurs bosses sont déjà de niveau avec les collines envi» ronnantes. — Et mon chien ? — Il est toujours le gardien fidèle » de tes biens..... Ces informations firent beaucoup de plaisir » au voyageur qui continua sa collation de meilleur appétit, et » avec plus de gaîté, pendant que le chamelier, indigné de n'y

» être pas admis, cherchait, dans son esprit, un moyen de le
» chagriner autant qu'il l'avait d'abord réjoui. Tout-à-coup un
» troupeau de gazelles s'élance des montagnes voisines, et vient
» bondir à côté des deux interlocuteurs. Le Bédouin pousse
» alors un profond soupir et laisse échapper quelques feints re-
» grets : qu'as-tu donc lui demande son compère ? Ah ! répond le
» madré fripon, je vois qu'il est inutile de te déguiser plus long-
» tems la vérité ; et d'ailleurs je m'apperçois que mon affliction
» ne me trahit déjà que trop à tes yeux. Je plaignais tantôt en
» moi-même le sort de ton incomparable jument et de ton pauvre
» chien, dont la mort prématurée a enhardi les gazelles au point
» qu'elles semblent te narguer aujourd'hui, en insultant à leur mé-
» moire. Mais que leur est-il arrivé, s'écria le voyageur tout alarmé?
» — L'une s'est cassée la jambe et a expiré sur le coup ; l'autre a crevé
» subitement pour avoir bu du sang de tes chameaux. — Les cha-
» meaux sont donc morts aussi ? — Certes, mon ami, puisqu'on
» les a égorgés pour être servis dans le repas funèbre donné à l'oc-
» casion de l'enterrement de ta femme *Djémilé*. — Comment, mon
» épouse, cette chère moitié de moi-même, est descendue au tom-
» beau ? Hélas ! c'est la douleur que lui causa la perte de ton
» fils *Ahmed*, qui l'y a mise. — Ah ! tu me perces le cœur : je n'ai
» plus de fils, et mes yeux voient encore la lumière ! — Le pauvre
» enfant ! Je le vis un instant avant le funeste accident qui ter-
» mina sa vie : j'étais bien éloigné de croire qu'il dût être enseveli
» sous les ruines de la chaumière, qu'un ouragan furieux a fait
» écrouler ! — Il ne me reste donc plus rien au monde ! femme,
» enfant, bestiaux, domicile, j'ai tout perdu !..... Que vais-je
» devenir ?..... Malheureux que je suis !..... En achevant
» ces mots, notre voyageur, hors de lui-même, se lève et court
» en désespéré vers les lieux de son habitation, oubliant sa pi-
» tance, qui devient la proie de l'artificieux chamelier. »

Les Wahabis prennent leur repas à demi-couchés, et groupés autour d'une peau de mouton, sur laquelle sont entassés pêle-mêle le pain, le pilau, la viande et les dattes. Ils n'ont, comme le reste des Arabes, d'autres ustensiles de table que leurs doigts mêmes ; mais ils ne se lavent pas après avoir ainsi mangé, » car la
» nourriture étant, disent-ils, une grâce que Dieu accorde à
» l'homme, ce serait en méconnaître tout le prix, que de faire
» disparaître, sous prétexte d'une propreté mal-entendue, les
» marques qu'elle laisse ». Chez eux les mariages se contractent sans pompe, ni réjouissances. L'homme commence par envoyer à la femme ce qui s'appelle le *mohr* qui est une espèce de dot en chameaux et en numéraire ; ensuite le *khatib* ou *mottawé*, (dépositaire de la loi) dresse l'acte qui doit sanctionner l'union des deux époux, et que leurs parens signent avec les témoins requis. Quant aux enterremens, on a déjà remarqué (page 7) à quoi ils se réduisent : à peine la fosse est-elle comblée, que l'*imam* invite les assistans à déclarer ce qu'ils pensent de la conduite que le mort a tenue avant d'y descendre. Chacun émet son opinion ; et le convoi funèbre se retire après l'avoir en quelque sorte jugé sur les actions de sa vie. On voit que cette coutume particulière des Wahabis ressemble beaucoup à celle des anciens Égyptiens, dont les institutions étaient toutes fondées sur la sagesse et la morale religieuse.

Les armes ordinaires de ces sectaires sont la lance (*rúmh*), le sabre (*seïf*) et le fusil (*tefeng*). Le pillage d'Imam-Husséin, de la Mecque et de Médine, et ensuite leurs relations avec les Anglais, les ont bien mis en possession de quelques pièces de canon; mais ils s'en servent rarement; et d'ailleurs leurs courses rapides ne leur permettent guères de les traîner après eux. Leurs drapeaux (*bayraks*) sont de différentes couleurs : les femmes ont le privilège de les promener parmi les tribus, lorsqu'il s'agit de levées de troupes. Ces levées se font par des mandemens scélés du cachet de l'émir, et ainsi conçus » Seoûd à.... chef de la tribu de.... » tu te rendras tel jour à mon quartier-général avec..... mar- » doufas..... bouardis et..... surbés (36) ». Ces ordres s'exécutent avec la plus grande célérité. Quand toutes les troupes sont rassemblées au lieu indiqué, Seoûd les passe en revue, organise les *Djamâs*; nomme les généraux qui doivent les commander sous ses ordres, distribue à chaque soldat le *zehab* et le *zahbé* (munitions de bouche et de guerre) (37) calculées sur la durée présumée de la campagne qui s'ouvre; règle l'ordre de la marche, et s'ébranle enfin sans que personne sache où il se propose d'aller. Chaque djamâ a son *bayrakdar* (porte-drapeau), son *demmam* (tambour), son *tchawiouche* (héraut-d'arme) et ses *mukaddems* (vedettes). La trompette est bannie des armées Wahabiennes; mais les cris de guerre y retentissent souvent, surtout au moment où tout s'apprête pour le combat : *Istoïnou - Billah*; *Kabbirou-Billah*; mettez votre confiance en Dieu. Glorifiez - le ! Voilà ce qu'on entend de toutes parts. Alors on fait accroupir les chameaux; l'infanterie est au centre, la cavalerie sur les deux ailes; le bagage, et les femmes, quand il y en a, restent derrière : celles-ci n'ajoutent pas peu, par leurs clameurs, au tumulte de la circonstance. » Braves soldats ! s'écrient-elles, apportez-nous » des têtes; elles serviront à orner les parois de nos tentes: il nous » faut encore des prisonniers, pour les charger des soins les plus » pénibles du ménage ». Les cavaliers préludent à l'action, en caracollant dans l'arène, et en se battant corps-à-corps. Bientôt la fusillade s'engage de loin; et la mêlée où l'on ne voit que briller les sabres et s'agiter les lances, n'a lieu que lorsque la poudre et le plomb sont épuisés. Dès qu'un des partis est enfoncé, et que sa déroute devient générale, la cavalerie de l'autre se met à la poursuite des fuyards, tandis que les piétons s'occupent à réunir le butin et à panser les blessés. Ensuite les vainqueurs se partagent les dépouilles de l'ennemi sur le champ de bataille même, rendent grace à Dieu de les avoir fait triompher, et reprennent, à grand bruit, le chemin de leurs foyers.

Arrêtons-nous à ces remarques générales, et disons un mot de Seoûd et de sa famille, avant de passer à la description du désert,

---

(36) *On trouvera, à la page* 5, *la signification du mot Mardoufas. Quant aux* Bouardis *et aux* Surbés, *ce sont les piétons armés seulement de fusils, et les compagnies de cavalerie qui n'ont que des lances.*

(37) *On a déjà vu (page 8) en quoi consiste la nourriture des Wahabis, quand ils vont à la guerre, et comment ils la transportent.*

qui doit terminer nos nouvelles recherches sur les Wahabis, dont la secte excite de plus en plus la curiosité des voyageurs, en même-tems qu'elle inspire des inquiétudes continuelles aux nations qui l'avoisinent.

Seoûd, donc, est aussi simplement vêtu que le dernier de ses sujets. Les revenus dont il jouit se composent du *oschr* (la dîme), que ceux-ci sont obligés de lui payer à proportion de leurs biens: on prétend qu'ils s'élèvent à plus de dix millions de patagues d'Allemagne, qui sont la monnaie la plus généralement répandue dans le Dréié. D'ailleurs cet émir possède tous les bijoux précieux enlevés à Imam-Hussèin, la Mecque et Médine; et il est notoire qu'il ne cesse d'augmenter ses richesses par les dépouilles des peuples que le sort des armes soumet aux terribles lois du Wahabisme. Ses fils, au nombre de dix, sont *Abdallah* (c'est l'aîné. Il porte le titre d'*Imam-il-Djaische*, ou généralissime des armées), *Muschari, Turké, Faissel, Nasser, Sâd, Abd-il-Rahman, Fahd, Omar, Hassan, Khaled.* Il a quatre filles: *Muniré, Sâda, Sara, Latifa;* deux femmes légitimes: *Fatma* et *Nasra*, et un grand nombre de concubines. — Ses frères, *Abdallah, Abd-il-Rahman,* et *Omar* partagent avec lui les soins de l'administration; mais celui qui a toute sa confiance, c'est le fameux *Il-Kardje*, nègre gigantesque d'une rare intrépidité et qui ne le quitte jamais. — On prétend qu'il peut mettre sur pied une armée de deux cents mille hommes. C'est de Bassora, Bagdad, Damas et Alep, où ses émissaires sont répandus sans qu'on puisse les reconnaître, vu leur parfaite ressemblance, sous tous les rapports, avec le reste des habitans du désert, qu'il tire les munitions de guerre et les autres objets de consommation dont il a besoin.

Le *Kadi* actuel (pontife suprême), s'appelle *Hussein*: il a trois frères: *Ibrahim, Ali* et *Abdallah*; on sait d'ailleurs qu'il est aveugle et infirme, et que son père fut le fameux *Scheik-Muhammed.*

Aspect du désert; animaux qu'il nourrit.

Pour se former une idée du désert, on n'aurait qu'à lire la belle description qu'en a donnée l'éloquent et sublime historien de l'homme et de la nature, à l'article chameau. Quant à nous, qui n'en connaissons que la partie supérieure, nommée *Schamié*, et adjacente aux rives de l'Euphrate, à la Syrie et à l'Irak, il nous suffira de faire remarquer que cette partie consiste en plaines immenses, coupées par des chaînes de montagnes basses et arides, et n'offrant aux regards, qui s'y promènent languissamment, qu'une surface monotone et grisâtre, domaine de la tristesse et de l'effroi, où l'Arabe seul est assez heureux pour avoir pu s'habituer à en supporter l'affreuse sollitude. Dans ces lieux vidés et sans bornes, sur cette terre pelée et frappée d'une sécheresse générale, sous ce ciel enflammé où règne un éternel silence, rien, pour ainsi dire, ne rappelle la nature vivante, si ce n'est de vastes amas de ronces sauvages, une espèce d'herbe décolorée et flétrie qui vient par touffes, et quelque peu d'eau salée ou corrompue, que des puits infects et des lagunes bourbeuses présentent aux recherches avides du malheureux voyageur, en qui une soif dévorante a presque tari les sources de l'existence.

Toutefois dans certains endroits, surtout ceux qui avoisinent le fleuve, le sol est moins ingrat : tantôt crevassé ou semé de roches, tantôt rocailleux, humide, ou couvert de forêts de roseaux entremêlés de landes de mélisses et autres plantes aromatiques, il fournit suffisamment au petit nombre de besoins de l'Arabe pasteur, qui traîne après lui ses bestiaux et son bagage. Ailleurs cet homme de la nature, rencontre dans sa course vagabonde, des eaux minérales chaudes, dont l'usage lui procure la santé; et presque partout la truffe indigène offre à son appétit rustique, une nourriture aussi saine qu'abondante et précieuse.

Les caravannes qui traversent le *Schamié*, qu'on peut appeler avec raison un Océan de sable, ne se dirigent que par la seule inspection du soleil et des étoiles. Cependant les buttes de terre, construites de main d'homme, les tas de pierres et les traces d'anciens aqueducs qu'on y découvre souvent, ne servent pas moins à indiquer les différentes routes à suivre pour aboutir à certains lieux habités des bords de l'Euphrate, comme aux bourgades du milieu du désert.

Outre le chameau et le cheval, qui sont indigènes de l'Arabestan, et en même-tems ceux dont le Bédouin tire le plus grand avantage, cette partie de l'Asie nourrit encore l'autruche, le lièvre et la gazelle, plusieurs espèces de rats, des sauterelles en grande quantité, et des serpens d'une grosseur monstrueuse. Le lion, le sanglier et la hyène ne se trouvent que sur les bords ou dans le voisinage de l'Euphrate.

Les chameaux arabes n'ont point les formes massives et lourdes de ceux de l'Egypte, de l'Anatolie et de la Perse : aussi supportent-ils mieux la fatigue des longues courses, et sont d'autant plus précieux pour l'habitant du désert, qu'ils peuvent résister jusqu'à sept ou huit jours sans boire, dans un pays comme le sien, où la possession du moindre amas d'eau croupissante occasionne des combats sanglans. Ils se partagent, comme les chevaux, en plusieurs races, dont voici les principales: *djoudi*, *khawar*, *scharari*, *nômani*. Cette dernière, la plus estimée, est celle des *delouls*, ou dromadaires.

Quant aux chevaux, il serait inutile de répéter tout au long ce que les voyageurs ont dit maintes fois de leurs généalogies, de la beauté de leurs formes, de l'excellence de leur naturel, de leur vitesse, de la manière de les élever, et de l'attachement que les Arabes ont pour eux. Nous nous bornerons donc à présenter ici quelques remarques générales sur ces précieux et nobles animaux; remarques que nous accompagnerons de la note indicative de leurs diverses races, et d'un modèle des certificats qui se dressent ordinairement pour en constater la pureté.

La plus noble conquête que l'homme ait jamais faite, dit l'illustre Buffon, est celle de ce fier animal (le cheval) qui partage avec lui les travaux de la guerre et la gloire des combats ; mais aussi il n'est point de peuple qui sache en apprécier l'utilité autant que les Arabes ; et c'est au milieu du désert même qu'il faut se transporter, pour juger de l'intérêt qu'il leur inspire, et apprendre à connaître les différentes races auxquelles il peut appartenir, et que les souverains de l'Asie ont de tout tems eu à cœur de naturaliser et propager dans les états de leurs dominations.

Les chevaux arabes sont en général délicats, mais habitués aux fatigues des longues marches ; bien proportionnés, sveltes, vifs et d'une légéreté suprenante à la course ; ayant d'ailleurs fort peu de ventre, de petites oreilles et une queue courte et déliée. Telles sont les marques distinctives auxquelles on peut les reconnaître de prime-abord. On les trouve presque toujours exempts de défauts, et d'un naturel si doux, qu'ils se laissent panser par les femmes et les enfans, au milieu desquels ils se couchent souvent sous la même tente. Jusqu'à l'âge de trois ans, on ne les monte qu'à poil, en s'abstenant de les ferrer. Au surplus, ils résistent à la soif ; et sont ordinairement nourris avec du lait de chamelle.

Voici maintenant les conditions requises, par les Arabes, pour qu'un cheval soit tout-à-fait beau : le col arqué, les oreilles bien plantées et se touchant presque par les bouts ; la tête petite, les yeux gros et pleins de feu, les ganaches larges, le museau éfilé, les naseaux largement fendus, le ventre peu évasé, les jambes fines et nerveuses, les paturons courts et flexibles, le sabot ample et dur, la poitrine large, et la croupe ramassée : les habitans du désert s'énoncent ainsi sur ces deux dernières qualités : » Vive le » cheval qui a une poitrine de lion et une croupe de loup ! » Dans la jument ils exigent, cependant, que celle-ci soit plus développée et haute.

Au reste, pourvu que le cheval réunisse les trois beautés de la la tête, du col et de la croupe, ils le regardent comme parfait ; et c'est ce que Horace a très-laconiquement exprimé dans ce vers :

Pulchrœ clunes, breve quod caput, ardua cervix.

Mais aussi il faut que l'animal soit en même-tems jeune, pour mériter toute leur estime, et obtenir une préférence décidée. Virgile est bien de ce sentiment, lorsqu'il dit dans un endroit de ses géorgiques :

» *Soit qu'il conduise un char, soit qu'il porte son guide,*

» *J'exige qu'un coursier soit vif, ardent, rapide ;*

» *Fut-il sorti d'Epire, eût-il servi les Dieux,*

» *Fût-il né du trident, il languit s'il est vieux.* (38)

Parmi les marques naturelles d'un cheval, il en est plusieurs telles que la double étoile du front, les frisures du poil aux hanches, les tâches noires sur les boulets, etc. que les Arabes regardent comme disgracieuses, et faites pour rabaisser beaucoup son prix.

Passons maintenant aux races dont nous n'indiquerons que les plus estimées :

Kohéilé	Souéitié	Wadhiba
Djelfié	Abéié	Kébisché
Manakié	Rabdha	Djazié
Saklawouyé	Hedbé	Djeradé
Dàjanié	Touéissé	Faridje
Hamdanié	Wedna	Kirra
Risché	Muschrefé	Schouéimanié

---

(38) *De la traduction de Delille.*

Le certificat qui accompagne ordinairement un cheval de race, est ainsi conçu :

« Au nom de Dieu, clément et miséricordieux ! c'est de lui que nous attendons toute aide et faveur !

» Le Prophète a dit : » que mon peuple ne s'assemble jamais pour commettre l'iniquité..... »

» Voici l'objet de cet écrit authentique : Nous, soussignés, déclarons devant l'Être Suprême, certifions et attestons, en jurant, par notre sort et par nos *ceintures*, que le cheval ou la jument..... âgé de .... marqué de .... ayant .... etc., descend d'aïeux nobles et illustres par trois filiations directes et successives ; que l'animal est né d'une cavale de la race de ... et d'un étalon de celle de .... qu'il réunit les qualités de ces bêtes précieuses dont le Prophète a dit: *Leur sein est un trésor, et leur dos un siège d'honneur*. Appuyés du témoignage de nos prédécesseurs, nous répétons que le cheval ou la jument en question, est d'une origine aussi pure que le lait ; affirmant de plus, en faisant le même serment que ci-dessus, que l'animal est renommé par sa vitesse et son habitude à supporter les fatigues et la soif, etc. en foi de quoi avons délivré le présent certificat, d'après ce que nous avons vu et appris par nous-même ; Dieu étant, d'ailleurs, le meilleur témoin. »

(Suivent les cachets des déclarans).

En terminant ce peu de détail sur les chevaux Arabes, nous ne devons pas laisser échapper l'occasion de réfuter les assertions erronées, pour ne pas dire bizarres et ridicules que M. Seetzen a fait insérer à leur sujet, dans un des cahiers des mines de l'Orient. Ce voyageur allemand n'en compte que 1000 dans toute la province du Hedjaze ; 1500 dans le Yemèn ; 500 dans l'Omman; autant à Bahréin ; 1000 dans le Nedjede, et 1200 sur les rives méridionales de l'Euphrate, et dans les déserts de la Syrie ; en tout 5700 : et voilà à quoi il fait monter le nombre des chevaux de presque tout l'Arabestan. Il ne sait pas, le bon M. Seetzen, que les trois villes de Bagdad, Damas et Alep, en renferment, à elles seules, davantage ; que parmi les innombrables familles de la horde des *Anazés*, qui n'occupent, pour ainsi dire, qu'un point dans l'immense désert du Schamié, il n'en est presque aucune qui ne possède deux ou trois de ces animaux; qu'il n'existe guères de bourgade tant soit peu considérable des bords de l'Euphrate, où il ne s'en trouve dix ou douze ; que les villages même de la dépendance des trois villes ci-dessus nommées en abondent ; et qu'enfin, les Anglais de Bassora, peuvent en avoir tiré, en moins de dix ans (pour les envoyer dans l'Inde) de chez les Arabes de Zobéir et de Lahsa, plus de deux mille. Qu'on juge, d'après ce calcul, fondé sur des faits avérés, et non sur des conjectures vagues, et hasardées du degré de confiance qu'on doit accorder, à ce que nous disent souvent les voyageurs, habitués, faute de savoir les langues locales, à rédiger leurs relations sur des oui-dire ; et qui, pour s'être exposés aux fatigues et aux dangers des longues courses, croient avoir acquis le droit d'imposer silence à la critique impartiale.

RELATION

Des dernières campagnes des Wahabis pendant les années 1811, 1812 et 1813. — Prise de la Mecque et de Médine, par les armées Égyptiennes. — Révolte des Arabes de Bahréin. — Rétablissement de Mascate dans son ancienne indépendance.

———✳———

Muhammed-Ali-Pacha, vice-roi d'Égypte, venait (au mois de février 1811) par une de ces exécutions sanglantes, dont les annales Orientales offrent si souvent le terrible exemple, d'affermir sa domination dans cette vaste et intéressante contrée. Le corps des *Mameluks*, dont les chefs avaient péri dans ce massacre général, n'existait plus ; et les richesses immenses que leur destruction totale procura à S. A., jointes aux subsides que le Grand-Seigneur lui fit passer par la suite, le mirent bientôt à même de s'occuper, suivant le vœu unanime des peuples musulmans, des moyens de délivrer la Mecque et Médine du joug des Wahabis, sous lequel elles gémissaient depuis long-tems.

Pendant que les préparatifs de cette grande expédition, qui devait avoir lieu par terre et par mer, se faisaient à *Alexandrie* et à *Suez*, et que l'empereur de *Marok* se disposait de son côté à envoyer une armée considérable, destinée à agir conjointement avec celle de l'Égypte, contre les ennemis de la commune religion; dans ces entrefaites, disons-nous, Seoûd ne se doutant pas encore de l'orage qui planait sur sa tête, sortait de Dréïé avec un nombreux cortège pour accomplir, suivant sa coutume, le pélerinage annuel de la *Kâba*. Il se trouvait accompagné des principaux chefs de légions, et de ses trois fils *Abdallah*, *Faïssal* et *Turké*. À mi-chemin, ces derniers, envers lesquels il usait depuis quelques tems d'une extrême sévérité, le quittèrent brusquement, et retournèrent en toute hâte avec leur suite à la capitale, où après avoir enlevé trois cents chameaux, chargés d'or et d'argent monoyé, de bijoux précieux, d'armes, et autres munitions de guerre, ils se dirigèrent sur *Lahsa*, dans l'intention de s'y fortifier, et se mettre par-là à l'abri du ressentiment de leur père. *Ibn-Afaissan* qui commandait alors dans cette ville, employa tour-à-tour les exhortations et les menaces pour les rappeler à leur devoir; mais il ne put en venir à bout. D'ailleurs les habitans disposés déjà à la révolte, en raison de l'énormité des impôts qui pesaient sur eux, ne voulaient plus lui obéir : ils se soulevèrent tout-à-coup en masse, ouvrirent leurs portes aux trois frères ; les accueillirent avec acclamation et le forcèrent lui-même à se réfugier chez les tribus voisines. L'émir, que cette défection inattendue ne paraissait pas avoir affecté, continua tranquillement sa marche jusqu'à la Mecque, s'y acquitta de son pieux devoir, et revint de même à Dréïé, où il s'occupa de suite des moyens les plus propres à étouffer le feu de la guerre civile, qui allait éclater dans ses états. Pour surcroit de contrariétés, il apprit dans le même tems qu'un jeune Arabe du Nedjede s'était érigé en prophète, et que ses vues ambitieuses ne tendaient à rien de moins qu'à renverser le Wahabisme, pour établir sur ses ruines une religion toute nouvelle, dont on prétendait qu'il portait les dogmes fondamentaux écrits en caractères ineffaçables sur son bras droit. Cet individu avait réussi à se former un parti considérable; et les Arabes, toujours entraînés par le charme du merveilleux, le regardaient déjà comme l'auteur privilégié de quelque grande révolution à naître. (39)

La révolte des enfans de Seoûd était une heureuse diversion pour les intérêts du musulmanisme; à peine la nouvelle en fut-elle parvenue à Constantinople, que le G. S., qui comptait beaucoup sur les efforts de l'armée d'Égypte, dont le commandement avait été confié à *Tawsan-Pacha*, fils de Muhammed-Ali, donna ordre à quelques autres de ses visirs, d'attaquer de leur côté les Wahabis, en suivant des directions différentes; mais il n'y en eut pas un seul qui se décidât à marcher; de manière que presque tous encoururent des disgraces, suivies de la décapitation de plusieurs d'entr'eux. L'infortuné Suléiman-Pacha, de Bagdad, fut du nombre de ces derniers. Ses tergiversations déterminèrent la fameuse mission de *Halet-Effendi*, dont les journaux ont rendu compte dans le tems; et il paya de sa tête l'espèce de désobéissance dans laquelle l'avaient entraîné, des motifs qu'il serait inutile de détailler ici.

Seoûd n'apprit le départ de la flotte de Suez, qui devait débarquer à *Yambô* le premier corps de l'armée destinée à agir contre les *villes saintes*, que par la prise qu'elle fit, pendant le trajet, de plusieurs embarcations de café, provenantes des entrepôts de Djidda, et de quelques autres ports du golfe arabique, soumis à la puissance Wahabienne. L'avis de celle de Yambô même, où commandait *Ibn-Djebara* qui fut assez heureux pour échapper à l'ennemi, lui parvint peu après, et dans un moment où tout occupé du soin de sa réconciliation avec ses fils, il n'avait pu encore pourvoir à la défense des places maritimes du Hedjaze. Cette réconciliation eut lieu enfin; elle était d'ailleurs commandée par les circonstances; et ce qu'il y a de remarquable dans les dispositions qui en furent le résultat, c'est que, tandis que l'émir s'ébranlait avec une armée de plus de cent mille hommes pour accourir au secours de la Mecque et de Médine, son fils aîné Abdullah marchait du côté opposé, à la tête de trois légions, pour attaquer *Imam-Ali* et *Imam-Hussein*, que la mort tragique et toute récente de l'infortuné Suléiman-Pacha, jointe aux troubles qu'elle avait occasionnée dans le département de Bagdad, lui donnait l'espoir de surprendre sans coup-férir; mais son attente fut trompée; car il trouva ces deux villes bien fortifiées, et par conséquent en état de lui résister; il les tint néanmoins bloquées pendant quelques jours, au bout desquels il se replia sur *Samawat*, qu'il n'osa pas non plus assaillir, et finit par tomber sur la tribu rebelle des *Buaïdies* dont il extermina un grand nombre de familles, et emmena le reste en esclavage.

---

(39) *Ces nouvelles nous parvinrent à Alep au mois de mai 1811; nous apprîmes ensuite que le nouveau prophète avait été empoisonné par les émissaires de Seoûd.*

Tandis qu'Abdallah faisait éprouver à ces malheureux Arabes les cruels effets de sa vengeance, une bande de *Schammars*, aux ordres du plus jeune de ses frères, fondait, dans le désert, sur la grande caravane qui se rendait d'Alep à Bagdad, et lui enlevait pour plus d'un million de piastres en marchandises d'Europe, telles que coraux, draps, cochenille, bonnets, etc.

Cependant Seoûd s'avançait à grandes journées vers la Mecque: il apprit en route, d'*Ibn-Djebara*, qui était venu en toute hâte à sa rencontre, que Tawsan-Pacha, débarqué déjà à Yambô, avec une division de dix mille hommes, et à la veille d'être joint par son beau-frère *Mustafa-Pacha*, qui lui en amenait par la voie de terre une troisième non moins considérable, se disposait à aller mettre incessamment le siége devant Médine. L'émir fut encore informé par le même Ibn-Djebara que l'ancien *Schérif*, jusqu'alors attaché malgré lui au parti des Wahabis, et retiré depuis quelques années à *Djidda*, entretenait des intelligences secrètes avec les chefs de l'armée d'Egypte.

Vers le mois de juin 1812, Tawsan-Pacha transféra son quartier-général à *Bedr*, distant de quelques lieues de Yambô, et situé sur la route qui conduit de cette place à Médine. Non loin de là sont les défilés de *Djedidé*, qui se trouvaient occupés par les Wahabis, et dont il fallait se rendre maître pour pouvoir passer outre. Tawsan-Pacha s'y porta en personne, à la tête de ses meilleures troupes; mais il fut blessé dans le combat qui s'était engagé avec beaucoup d'acharnement; celles-ci le voyant tomber, le crurent mort et prirent la fuite, en annonçant aux corps arriérés, que leur général avait péri. Le désordre ne tarda pas à se mettre dans le camp; et lorsque Tawsan y arriva, vers le soir, il vit tous ses bagages pillés, et la majeure partie de l'armée déjà en marche pour regagner Yambô : il fut obligé d'y retourner lui-même, n'ayant pû réussir à dissiper la terreur panique dont elle était saisie.

Ce commencement d'hostilité coûta à Tawsan-Pacha sept canons, et plus de douze cents hommes. Il n'eut rien de si pressé, en arrivant à Yambô, que d'y faire creuser une cinquantaine de puits, et d'en augmenter les fortifications. Il écrivit en même-tems à son père pour lui demander de nouveaux renforts, et envoya toute la cavalerie et les chameaux qui l'embarrassaient à *Muwellé*, où il avait fait réunir une grande quantité de vivres et de fourrages.

Ce fut le jour même de son entrée à la Mecque, que Seoûd reçut par un courrier que lui avait dépêché *Hodjailan*, gouverneur de Médine, l'avis de ce premier avantage remporté sur l'armée d'Egypte. Il s'occupa de suite des dispositions nécessaires pour faire cerner Tawsan-Pacha dans son camp retranché de Yambô, et donna en même-tems ordre à la flotte de *Djidda* d'aller l'attaquer par mer. Quoiqu'il suspectât déjà la fidélité du *schérif*, il sentit néanmoins d'autant plus l'urgence de le ménager, que ce chef possédait à lui seul dix-huit bâtimens de guerre, et qu'il exerçait une grande influence sur les tribus Arabes du pays : aussi lui adressa-t-il les lettres les plus flatteuses, et poussa la dissimulation jusqu'à le charger des travaux relatifs à la défense des points les plus exposés de la côte.

Dans ces entrefaites, le fameux *Ibn-Schédid*, un des généraux les plus distingués des Wahabis, que l'émir avait destitué sous prétexte d'insubordination, se rangea tout-à-coup du parti des Turcs, et y entraîna, par son exemple, plusieurs tribus mécontentes, à qui Tawsan-Pacha fit de grandes largesses, pour les mieux attacher à ses intérêts; de manière que dès le mois de novembre 1812, ce général turc se vit entouré d'une armée auxiliaire d'Arabes, composée de plus de douze mille hommes, et dont il confia le commandement à Ibn-Schédid même. Bientôt les nouvelles troupes qu'il attendait de *Suez* étant arrivées, il se disposait à marcher une seconde fois sur Médine, lorsque les Wahabis le prévinrent en l'attaquant brusquement à plusieurs reprises. *Hodjaïlan*, dont nous avons parlé plus haut, et *Il-Modaïfi*, gouverneur de *Taïf*, se trouvaient à la tête des sectaires; mais ils furent constamment repoussés avec perte; et dans le dernier combat qui décida leur retraite, ils perdirent plus de quatre mille hommes.

Cette victoire jeta la consternation parmi les Wahabis; Tawsan-Pacha en profita pour conduire incontinent son armée contre Médine, dont la prise fut précédée par celle de *Bedr*, *Djédidé* et *Saferra*. Cette ville, qui se trouvait déjà en proie à la famine, ne pouvait tenir long-tems: elle fut enlevée d'emblée; et les vainqueurs passèrent au fil de l'épée toute la garnison ennemie. Tawsan y entra lui-même immédiatement après (dans les derniers jours de 1812), et en envoya les clefs à son père par *Ibn-Schédid*.

Cet événement, qui fut l'avant-coureur de plus grands désastres pour les Wahabis, décida le schérif, qui n'avait pas bougé de Djidda, à lever entièrement le masque. Il se hâta d'aller joindre, avec tous ses bâtimens, l'armée turque à Yembo; et la place qu'il venait de quitter, abandonnée bientôt après par l'ennemi, ne tarda pas à recouvrer elle-même son indépendance.

La révolte des Arabes de *Zebara* et de *Bahreïn*, qui éclata à cette même époque, et leur alliance avec l'*Imam* de Mascate, dont les armemens par terre et par mer annonçaient assez le projet qu'il avait d'envahir le territoire de *Lahsa*, déterminèrent Seoud à retourner précipitamment à *Dréïé*. Son fils, Abdallah, le remplaça dans le commandement de l'armée du Hedjaze; mais la défection d'une partie des troupes, jointe à la disette de vivres, qui augmentait chaque jour à la Mecque, força bientôt le nouveau général à évacuer cette ville, qui fut incontinent occupée par les Turcs (au commencement de 1813). Taïf, dont le gouverneur, *Il-Modaïfi*, venait de fuir devant *Mustafa-Beg*, contre lequel il avait fait une sortie téméraire, tomba également au pouvoir de Tawsan-Pacha; et ce dernier exploit des forces Égyptiennes, mit le sceau à la gloire du jeune héros qui les dirigeait.

―――※―――

On aura remarqué que depuis l'année 1810, jusqu'à l'époque où nous venons de nous arrêter, les Wahabis se sont vus insensiblement dépossédés de plusieurs lieux importans qu'ils occupaient, et

presque toujours repoussés avec perte de ceux qu'ils voulaient surprendre ; mais tous ces revers ne peuvent les avoir découragés ; et l'on connaît assez leur système de guerre, ainsi que le fanatisme religieux qui les anime, pour ne pas douter qu'ils ne cherchent, dans l'inaction même où ils paraissent plongés, les moyens de recouvrer leur ancienne prépondérance : la soif des conquêtes ne saurait s'éteindre en eux : » c'est, comme disent les
» Arabes du Schamié, un feu qui couve sous
» la cendre de l'ambition et du désir de la ven-
» geance, et qui se rallumera tôt ou tard au
» premier souffle de l'opportunité ».

LES NOSAÏRIS ET LES ISMAÉLIS.

> Les cultes bizarres dont nous parlons sont d'autant plus croyables chez les Ansarié (Nosaïris) qu'ils paraissent s'y être conservés par une transmission continue des siècles anciens où ils regnèrent.
> VOLNEY, voy. en Syrie et en Egypte.

Sur les confins de la Syrie, parmi les montagnes de *Semmâk*, dont la chaîne à-peu-près parallèle aux côtes de la Méditerranée, se rattache à celle du Liban, existent deux peuples autrefois puissans et redoutables, aujourd'ui dégénérés, avilis et resserrés dans d'étroites limites. Ces deux peuples, les *Nosaïris* et les *Ismaélis*, compris par les historiens orientaux sous la dénomination commune de *Batênis* (*), sont représentés comme des sectes obscures et misérables, par des voyageurs qui n'avaient pu approfondir les dogmes qu'ils professent clandestinement. Nous avons recueilli à leur sujet quelques renseignemens exacts, qui font la matière de l'abrégé historique qu'on va lire sur leur origine, leur croyance, leurs mœurs, leurs coutumes et les principales révolutions qu'ils ont éprouvées depuis les premiers siècles de l'hégire jusqu'à nos jours.

Pour éviter toute confusion, nous parlerons séparément de chacune de ces deux sectes. Celle des Ismaélis est la moins considérable; mais comme nous nous sommes procurés le livre qui contient les principes de sa morale et de sa religion, ouvrage dont nous avons tiré grand parti pour la rédaction de notre notice, c'est par elle que nous commencerons.

LES ISMAÉLIS.

Les Ismaélis reconnaissent pour fondateur de leur secte *Ismaël* fils aîné de Djâfar-il-Sadek (1), à qui il devait succéder, dans

---

(*) *C'est-à-dire* Partisans de la doctrine intérieure ou allégorique.
Suivant l'auteur du livre intitulé: Talkhis-il-beyan-fi-zikr-ahl-il-adyan, *plusieurs autres sectes, telles que les* Karmates, *les* Tahmis, *les* Huzmis, *les* Réisanis, *les* Ismaélis, *etc., sont aussi compris sous la même dénomination.*

(1) *Djâfar-il-Sadek, issu d'Ali en ligne directe, est le sixième imam des* Schias *ou partisans de ce dernier. Outre le surnom de* Sadek (le véridique) *il porte encore celui de* Seïd-il-Ahfal *(le plus*

l'*imamat* (2) ; mais une mort prématurée l'ayant enlevé, *Mousa*, son cadet, fut désigné pour le remplacer. Cette disposition, qui en apparence n'avait rien d'impolitique, sema pourtant la division parmi les *Schias* ou partisans d'Ali qui différaient de leurs ennemis jurés, les *Sunnis*, en ce qu'ils traitaient d'usurpateurs Abou-bekr, Omar et Othman, que ceux-ci révéraient comme vrais et légitimes *khalifs*. Une foule d'esprits mutins et audacieux se soulevèrent tout-à-coup contre le nouvel imam, prétendant que puisqu'Ismaël avait été destiné à exercer cette dignité, on ne pouvait légalement en dépouiller ses descendans pour la faire passer dans une branche collatérale. D'après ce principe, ils refusèrent de reconnaître la suite des imams admis par les *Schias*, dont ils se séparèrent, en formant ainsi une secte à part qui prit, dès son origine, le nom d'*Ismaélié*.

Cette division eut des suites funestes ; car les grands troubles qu'elle excita en Asie et en Afrique, déchirèrent et ensanglantèrent plus d'une fois l'empire musulman. Dès le second siècle de l'hégire, les *Ismaélis* s'étaient rendus redoutables aux khalifs, dont ils ravageaient les possessions dans l'Irak et la Syrie, sous le nom de *Karmates* et de *Baténis* (3), et en Perse, sous ceux de *Tâlimis* et de *Melahedés* (4). Leur puissance, qui se consolidait

---

grand des héros). *Ses sectateurs ont plusieurs livres dans lesquels sont célébrées ses vertus éminentes, et ses aventures merveilleuses. On lui attribue aussi des miracles et beaucoup d'ouvrages mystiques, un entr'autres qui traite des sorts, et qu'on nomme* Kitab-il-korat. *Enfin Djâfar passe pour être l'auteur du fameux* Djefr, *c'est-à-dire, d'une peau de gazelle sur laquelle sont tracés en caractères cabalistiques les destinées futures de la religion musulmane. Cet imam mourut à Médine, sa patrie, l'an 93 de l'hégire.*

(2) *C'est-à-dire*, dans la dignité d'Imam, ou de chef spirituel.

(3) *Il y a des écrivains qui distinguent les* Karmates *des* Ismaélis *en faisant de ceux-ci une secte à part ; mais cette distinction n'est relative qu'à leurs constitutions civiles, et nullement aux dogmes qu'ils professent. Les Karmates eurent pour chef un certain Kersah, surnommé Karmâti, du lieu de sa naissance proche de Coufa, lequel parut dans l'Irak-Arabi, vers la fin du troisième siècle de l'hégire. La dynastie des Ismaélis de Perse fut établie long-tems après par Hassan-ibn-Sabbâh, et porta des coups funestes à la puissance des khalifs. Du reste, ces deux sectes s'accordaient à reconnaître Ismaël, fils aîné de Djâfar, pour septième et dernier Imam. Elles interprétaient l'une et l'autre allégoriquement les préceptes fondamentaux de la religion musulmane, et avaient adopté des pratiques directement opposées à celles qu'elle enseigne.*

(4) *L'épithète de* Melahedé *ou Impies, fut donnée aux* Ismaélis *de Perse sous le 4.ᵉ prince de cette dynastie, vers l'an 560 de l'hégire. Quant à celle de* Tâlimi *, qui dérive du mot* Tâlim *(enseignement), les musulmans orthodoxes ne la leur ont appliquée que par dérision, attendu qu'ils prétendaient enseigner de nouvelles vérités.*

de jour en jour, donna enfin naissance à deux grandes dynasties, qui s'établirent, la première en Égypte en 908 ou 910; la seconde dans le *Kouhestan* ou *Irak - Adjemi*, environ 180 ans plus tard.

Le nom de dynastie pourrait également s'appliquer à un parti considérable d'Ismaélis qui se forma dans le Yémen (5), et s'y maintint quelque tems sous des chefs ambitieux et turbulens, dont les annales orientales offrent la succession chronologique.

On compte quatorze rejetons de la dynastie d'Égypte, connue sous le nom de *Fatemié*, laquelle subsista cent soixante-sept ans. Elle eut pour fondateur *Muhammed-abou-obeid-ollah*, que le fanatisme populaire décora par la suite du titre de *Medhi*, c'est-à-dire, directeur ou guide des fidèles ; et s'éteignit dans la personne d'*Adhed-lé-din-ollah* ; car à la mort de ce dernier, arrivée en 567 de l'hégire (1171), l'autorité des khalifs de Bagdad fut rétablie en Égypte par *Salaheddin* (Saladin) dont les exploits mirent fin au schisme qui durait depuis plus de trois siècles.

La dynastie de l'Irak dut son existence à un certain *Hassan-ibn-Sabbah*, qui depuis le fort château d'Alamout (6) dont il s'était rendu maître, faisait trembler, par ses décrets terribles, jusqu'aux souverains les mieux affermis sur leurs trônes : celle-ci comprend huit princes (7) qui se succédèrent sans interruption pendant 171 ans. Nous ne tracerons pas ici le tableau des horreurs que commirent les Ismaélis dans cet intervalle de crimes et de sang. L'idée de toutes ces atrocités s'est conservée dans le mot *assassin* (8), corruption d'une épithète qu'ils portaient en

---

(5) *Ce furent* Abou'lkasem-ben-Abd-il-mélik, *surnommé* Mansour, *et* Ali-bin-el-fadhl, *tous deux de la secte des Ismaélis, et disciples du fameux* Maimoun-il-kaddah, *grand astrologue et gardien du tombeau d'imam* Hussein, *qui portèrent, en* 268 *de l'hégire* (881 *de J. C.*), *leurs dogmes pernicieux avec leurs ravages dans cette partie reculée de l'Arabie ; mais leur domination ne s'y maintint pas long-tems ; car les vrais musulmans, ralliés sous les étendards de l'émir* Saad-ben-Djâfar, *que les novateurs avaient dépossédé de* Sanâ, *l'héritage de ses pères, se soulevèrent tout-à-coup contre eux, tuèrent leur chef, et les chassèrent pour toujours de la province qu'ils avaient envahie.*

(6) *Alamout est situé sur la frontière de l'Irak, du côté de* Kaswin.

(7) *Ils portaient le titre de* Schéikh-il-Djébel, *c'est-à-dire, Prince du Djébel. (Les Arabes appellent ainsi le Kouhestan ou Irak) ; explication qui démontre assez l'erreur où sont tombés les historiens occidentaux des croisades, en traduisant ce titre par* vieu de la montagne *pour avoir pris les deux mots qui le composent dans leurs sens génériques.*

(8) *M. le baron Silvestre de Sacy a prouvé, dans un savant mémoire sur les Ismaélis, que le nom d'*Assassin *dérive de celui de* Haschischi, *que les historiens Arabes donnent souvent à ces sectaires, à cause de l'usage immodéré qu'ils faisaient de la feuille de chanvre, appelée en arabes* haschisché *ou* haschischet-il-focara, *et qui produisait chez eux une ivresse ou fureur pareille*

Orient, et dont on qualifia par la suite ceux qui se rendirent coupables des mêmes attentats. Nous renvoyons le lecteur à la bibliothèque orientale de d'Herbelot, où il trouvera de plus amples détails à leur sujet, en nous contentant d'observer que ce fut le fameux Holakou qui purgea la terre de cette race d'hommes féroces, après avoir démoli leurs principales forteresses, et fait prisonnier Rokneddin, leur dernier souverain.

Cependant les Mogols de Holakou ne détruisirent point tellement la nation des Ismaélis qu'il n'en échappât un petit nombre de familles à leur fureur; mais depuis cette époque, qui lui fut si funeste, elle n'a traîné qu'une existence misérable dans quelques coins obscurs des pays asiatiques.

Lors de notre voyage en Perse, nous eûmes soin de nous informer s'il en subsistait encore quelques restes dans ce royaume; et l'on nous assura qu'ils y étaient en effet assez répandus, et même tolérés, comme tant d'autres sectaires. Nous apprîmes encore qu'ils conservent jusqu'à ce jour, leur Imam, qu'ils font descendre d'*Ismaël* même, fils aîné de *Djafar-il-sadek*, et dont la résidence est à *Kehk*, petit village du district de *Kom*. Cet Imam, nommé *Schah-Khalil-ollah*, a succédé à son oncle, *Mirza Abou'lkasem*, qui joua un grand rôle sous le règne de *Zendes*. Il est haï par le clergé persan; mais le roi, le considère et le protège, en raison des sommes considérables qu'il en retire: car *Kehk*, ainsi que bien d'autres endroits de l'empire, où siègent les chefs spirituels des religions étrangères, est une mine féconde, propre à satisfaire l'avidité du gouvernement local. Nous ajouterons que *Schah-Khalil-ollah* est presque révéré comme un dieu, par ses partisans, qui lui attribuent le don des miracles, l'enrichissent continuellement de leurs présens, et s'appelent souvent du nom pompeux de *khalif*.

On trouve des *Ismaélis* jusque dans l'Inde, d'où ils viennent habituellement à Kehk pour y recevoir les bénédictions de leur Imam en échange des pieuses et magnifiques offrandes qu'ils lui apportent. Le commun des Persans connaît plus particulièrement ce personnage sous le nom de *Seïd-Kehki*.

Quant aux Ismaélis de Syrie, qui font le principal objet de nos recherches, on doit peut-être les considérer comme un reste de ceux d'Égypte, qui, sous le règne de *Hakem*, sixième khalif Fatémite, vinrent s'établir en Palestine, et surtout dans les montagnes du Liban (9).

La religion des Ismaélis modernes, est surchargée de tant d'extravagances et d'équivoques, qu'on ne pourrait guères en approfondir les dogmes avec quelque exactitude. Néanmoins, tous ceux qui ont été à même d'en faire l'objet de leurs recherches, conviennent unanimement, que ces sectaires croient à l'infusion de la divinité, qui, disent-ils, s'est successivement

---

à celle que procure l'opium parmi les Indiens et les Malais. Au reste, ce nom n'est plus connu en Syrie, et nous ignorons s'il a également cessé d'être en usage dans la Perse.

(9) Ils pourraient bien aussi descendre de ceux de Perse, dont les souverains s'étaient acquis quelque prépondérance en Syrie

incarnée, dans la personne de plusieurs prophètes, et notamment dans celle d'Ali, et à la métempsycose ; deux dogmes impies qu'ils ne professaient point originairement, et qu'ils ont probablement empruntés des Nosaïris. La plûpart des premiers Ismaélis niaient l'existence du paradis et de l'enfer, et soutenaient que le Korân ne vient point de Dieu, mais de Mahomet, dont ils reconnaissaient cependant l'apostolat (10). Ils s'étaient affranchis, d'après ces principes hétérodoxes, de diverses pratiques religieuses prescrites par la loi musulmane, telles que les ablutions, le jeûne, le pélerinage de la Mecque, etc., et avaient défiguré, par des allégories bizarres, ou altéré, par des interprétations absurdes, plusieurs passages du livre ci-dessus nommé, pour les mieux concilier avec leurs mœurs dissolues. Quant à leur système sur la création, il se rapprochait assez de celui des *Préadamites*, en ce qu'ils prétendaient qu'il y avait eu trois autres Adams avant celui dont parle Moïse ; ajoutant que Dieu devait créer un nouveau monde après celui-ci, parce que son royaume ne pouvait rester vide, ni sa puissance dans l'inaction.

Tels étaient, en substance, les dogmes des premiers Ismaélis ; tels sont encore, à-peu-près, ceux que professent aujourd'hui leurs descendans, établis en Syrie ; nous disons à peu près ; car il n'est pas douteux que ces derniers, prodigieusement déchus de leur ancienne organisation sociale, ne le soient aussi de leur croyance primitive. Un certain scheik *Raschid-eddin*, qui parut au milieu d'eux, il y a cent ans, acheva de les égarer, en leur faisant accroire qu'il était le dernier des prophètes en qui la puissance divine se fut manifestée. Cet imposteur, versé dans les écritures sacrées, paraît être l'auteur de quelques-uns des chapitres d'un manuscrit assez curieux que nous possédons et dans lequel il expose ses préceptes, comme s'il était lui-même le Tout-Puissant.

Voici maintenant quelques remarques plus particulières sur les Ismaélis de Syrie.

Ils sont divisés en deux classes (11), les *Soueïdanis* et les *Khedhrewis*, lesquelles ne diffèrent entre elles que par certaines cérémonies extérieures. Du reste, l'une et l'autre reconnaissent la divinité d'Ali et admettent la *lumière* pour le principe universel des choses créées. C'est ce qu'elles appellent *nour-il-aïn* (*la lumière de l'œil*), source de beaucoup d'équivoques, et que la plûpart de leurs schéikhs enseignent être une vertu ou une force

---

(10) *Les docteurs musulmans ont long-tems disputé sur l'origine du Korân ; les uns le soutenant créé, et les autres incréé. L'opinion qui a prévalu, porte que ce livre est comme une lumière réfléchie de la divinité ; que l'archétype en a été écrit avant tous les tems par le doigt de l'Eternel sur les tablettes célestes, et que l'exemplaire qui se trouve entre les mains des hommes, n'est qu'une copie de ce divin original, apportée à Mahomet par l'ange Gabriel.*

(11) *Les Ismaélis se disent tous Seïds, c'est-à-dire, descendans de la famille de Mahomet ; aussi portent-ils le turban vert, marque distinctive de leur prétendue noblesse.*

surnaturelle qui produit et conserve les différentes parties de l'univers.

On trouve ces sectaires extrêmement réservés avec les étrangers sur l'article de leur croyance. Aussi s'efforcent-ils de passer à leurs yeux pour bons Mahométans ; et quand ils sont en compagnie de ceux-ci, leur premier soin est toujours de s'acquitter des ablutions, de la prière et des autres pratiques ordonnées par la loi. Ils font même alors crier *l'ézan*, c'est-à-dire, l'appel à la prière; mais dans leur particulier ils traitent tout cela de frivolités, et y substituent des rites et des usages sur lesquels on n'a jusqu'à présent que des notions vagues et incertaines. On nous a assuré qu'ils ne prient ni ne jeûnent jamais de leur propre gré ; mais qu'ils sont circoncis et portent des noms musulmans, quelquefois aussi hébreux. Il faut observer encore, que, par suite de leur dissimulation en matière de religion, ils n'ont aucun temple public ; ils vont cependant en pélérinage à *Nedjef*, lieu de la sépulture d'Ali, à quatre ou cinq journées de Bagdad, dans le désert. Ils ont aussi un autre endroit de dévotion près de la Mecque, nommé *Redhwé*; mais nous n'avons pu savoir quel est le saint ou le prophète qu'ils y honorent.

Les Ismaélis se font remarquer par leur caractère doux et hospitalier. Ils aiment peu à voyager, sont actifs, fortement attachés à leur religion, et dociles envers leurs chefs : ils évitent, autant qu'il leur est possible, de s'allier avec les Turcs, qui les obligent souvent, par les menaces et la force, à leur donner leur filles en mariage, et ne les en vexent pas moins que les autres sectes étrangères soumises à leur domination.

Les *Khedréwis* (12) qui forment la classe la plus nombreuse, ont aujourd'hui pour chef l'émir *Ali-el-Zoghbi*, successeur de *Mustafa-Edris*, son parent, dont nous raconterons ci-après la fin tragique. Leur principale habitation est à *Mesiade*, ancienne forteresse, située à douze lieues ouest de Hamâ, sur un rocher isolé. Au bas de cette place, et du côté de l'orient, git un gros bourg, entouré de murailles et composé de plus de deux cents maisons. On y trouve des bains, des khans, des boutiques et une ou deux mosquéees (13).

Mesiade (14) est fortifiée à l'antique, et a trois pièces de canon hors de service. Au-dessus de la porte principale on lit cette inscription arabe : *Bâtie par le roi Awsat* (15). Ce bourg est le

---

(12) *Les* Khedhréwis *sont ainsi nommés, parce qu'ils ont une vénération toute particulière pour le prophète* Khedr *ou* Khezr*, auquel les Musulmans accordent le privilège d'une vie sans fin.*

(13) *On n'y fait l'ézan ou appel public à la prière, que lorsque la présence des Musulmans le commande.*

(14) *C'était, du tems des croisades, une des plus importantes places que possédaient les Ismaélis en Syrie. Ils s'y trouvaient établis depuis l'an* 535, *lorsque le sultan* Bibars *s'en empara sur eux en* 668, *et porta, par cette conquête, un coup funeste à leur puissance.*

(15) *Ce roi* Awsat *pourrait bien être un de ces chefs indépendans*

chef-lieu d'un canton composé de dix-huit villages, tous peuplés d'Ismaélis. Il dépend du gouvernement de Hamâ, qui nomme ou dépose, à son gré, le *schéikh* ou *émir* de la secte. Celui-ci, en recevant la pelisse d'honneur, marque de son investiture, s'engage à une rétribution annuelle de 16,500 piastres, dont le paiement exact lui assure les revenus du pays, qui montent à des sommes considérables; car le terroir produit en abondance diverses espèces de grains et de fruits, du coton, du miel, de la soie, de l'huile, etc., ce qui prouve que les habitans sont laborieux et adonnés à l'agriculture: ils professent aussi quelques arts mécaniques et trafiquent avec les étrangers qui vont acheter chez eux l'excédant de leurs denrées.

A l'occident de Mesiade, s'étend la montagne de *Schdra* (16), qui se rattache à celle de *Kusséir*. Celle-ci s'appuie elle-même au rivage de la mer, du côté de Tripoly. L'une et l'autre de ces montagnes ne sont que des ramifications de celle de Semmak, dont nous avons déjà indiqué la direction.

Les Ismaélis possèdent encore une autre forteresse nommée *Kalamous*, non moins grande que celle de Mesiade, dont elle n'est éloignée que de trois lieues.

La seconde classe ou tribu des Ismaélis, composée des *Souëïdanis* (17), et bien moins nombreuse que la précédente, se trouve toute concentrée dans le village de *Feudara*, l'un des dix-huit qui dépendent de Mesiade. Elle est pauvre et exposée au mépris des Khedhréwis. Son chef actuel s'appelle *Suleïman*.

Les Ismaélis, depuis la sanglante catastrophe qui termina la vie de leur schéikh, *Mustafa-Edris*, et fut suivie de la dévastation de presque toutes leurs propriétés, sont tombés dans un état voisin de la misère, et ne consistent plus qu'en quelques familles éparses, qui dépérissent chaque jour par les vexations continuelles qu'elles éprouvent de la part des Turcs. Voici ce qui a donné lieu à leur décadence actuelle.

Les *Reslans*, une des familles les plus distinguées de la secte des Nosaïris, possédaient, depuis un tems immémorial, la forteresse et le territoire de *Mesiade*, lorsque les Ismaélis, devenus assez puissans pour empiéter sur leurs droits, les attaquèrent à l'improviste, et s'emparèrent du pays qu'ils occupaient. Cette usurpation manifeste, aigrit encore plus la haine invétérée qui divisait les deux partis. Les Nosaïris, après avoir inutilement

---

qui, sous le règne des derniers khalifs, ou plutôt des *Turkmans*, s'étaient établis dans divers cantons de la *Syrie*.

(16) *C'est une longue et tortueuse chaîne qui porte différens noms, suivant les angles et les sinuosités qu'elle forme; elle produit d'excellent bois de construction et de chauffage, et du gibier en abondance.*

(17) *Le nom de* Souédani *leur vient d'un de leurs anciens schéikhs, nommé* Souéid. *Quelques voyageurs prétendent, cependant, qu'on les appelle ainsi à cause de l'usage où ils sont de s'habiller de noir; en effet* Souéid *n'est qu'un diminutif d'*Aswad *qui, en arabe, désigne cette couleur.*

tenté de rentrer, par la force des armes, dans leurs propriétés domaniales, eurent enfin recours à la ruse pour en venir à bout. Ils envoyèrent à cet effet à Mesiade quelques-uns des leurs, lesquels, à la faveur de noms empruntés, et sous le masque d'un dévouement sincère, réussirent à entrer au service de l'émir *Mustafa-Edris*, qui y commandait alors. *Abou-Ali-Hammour* et *Ali-Bacha*, chefs des conjurés, ne tardèrent pas à rencontrer l'occasion qu'ils cherchaient. Un jour que l'émir se trouvait seul dans sa maison, ils se jettèrent sur lui, et le percèrent de plusieurs coups de poignard. Ce meurtre imprévu, fut le prélude de plus grands malheurs encore pour les Ismaélis; car les mesures avaient été tellement combinées par leurs ennemis, qu'à un certain signal, une bande nombreuse d'assassins, postée dans les avenues de Mesiade, devait s'y précipiter tout-à-coup, et massacrer les habitans qui auraient voulu se défendre. Ce projet reçut son entière exécution. Les Ismaélis attaqués brusquement, consternés et la plupart égorgés au milieu des rues, ne résistèrent que faiblement, et subirent le joug des Nosaïris, à qui ils furent contraints de jurer, pour l'avenir, obéissance et soumission. On évalue le butin que firent ceux-ci dans cette journée, à plus d'un million de piastres, y compris les dépouilles des villages et des campagnes. Ceci se passa en l'année 1809.

Les Nosaïris ne jouirent pas long-tems du fruit de leur perfidie. Le gouverneur de *Hamá* se hâta de les faire assiéger dans Mesiade, et les força à évacuer, par capitulation, cette place, qui fut rendue incontinent à ses anciens propriétaires. Nous avons su depuis, que d'après une amnistie qui avait été accordée aux Nosaïris, plusieurs de leurs chefs venus à Hamá, pour des affaires particulières, furent arrêtés de suite et jetés en prison, où ils languissent jusqu'aujourd'hui (en 1810). On dit qu'ils ont offert plus de 20,000 piastres pour leur délivrance, sans avoir pu l'obtenir; et il y a apparence que le gouvernement turc les mettra à mort, après s'être fait payer la somme stipulée.

L'invasion et le pillage de Mesiade ont amené, comme nous l'avons dit, la ruine des Ismaélis. Ils sont aujourd'hui pauvres et misérables; et il n'est pas possible qu'ils puissent se relever de sitôt des désastres qui les ont accablé.

Passons maintenant aux Nosaïris.

LES NOSAÏRIS.

Si nous en croyons les auteurs arabes qui ont écrit l'histoire de la secte des Nosaïris, elle se serait formée après celle des *Baténis*, d'un grand nombre de gens sans aveu et adonnés à tous les vices, qui se réunirent en corps de nation sous la conduite d'un certain *Ibn-Muldjem*, et puisèrent leur doctrine extravagante dans les livres des Sabéens, des Samaritains, des Brahmanes et des Mages. Il est d'ailleurs à présumer que cette secte a pris naissance dans le *Hedjaz*, et que par la suite des tems elle s'est propagée jusqu'en Syrie, seul endroit, peut-être, où l'on en retrouve jusqu'aujourd'hui quelques restes considérables. Les mêmes auteurs observent encore, que la dénomination sous laquelle on la connaît, vient du mot arabe *nosaïr*, *défenseur*, *soutien*, et qu'elle se l'est arrogée pour avoir accordé l'hospitalité à des colonies d'émigrés étrangers qui fuyaient les persécutions de l'islamisme.

Les Nosaïris, qu'on appelle vulgairement *Ghelât*, c'est-à-dire, *outrés, extravagans* (18), diffèrent entièrement, par leurs opinions religieuses, des Mahométans orthodoxes, et se rapprochent beaucoup, sous ce rapport, des Ismaélis. Ils admettent, ainsi que ces derniers, la divinité d'Ali, et la métempsycose. Ali, disent-ils, doit être adoré dans le ciel comme un dieu, et sur la terre, comme le plus grand des prophètes. Sa toute puissance se manifeste dans les créatures : *Mahomet* est le voile qui tempère les rayons de sa gloire, et *Suléïman-il-Farsi* (19) le guide qui dirige les esprits vers son sanctuaire. Ils croient que l'ame, après avoir occupé un certain tems le corps qui lui a été assigné pour demeure, passe dans celui de quelque animal, et successivement dans une plante ou un minéral, une étoile ou un météore, pour reparaître enfin ici bas sous une nouvelle forme humaine, et parcourir à l'infini le même cercle de transmigrations. D'après ce principe, il traite de chimères les jouissances et les peines de la vie future, et ne reconnaissent que celles du monde matériel et visible auquel ils bornent leur existence. On prétend que la polygamie ne leur est point permise; mais en revanche, ils ont, comme plusieurs peuples du mont Liban, l'abominable coutume de se réunir souvent hommes et femmes, en assemblées nocturnes, pour se livrer, dans l'obscurité, aux excès du plus honteux libertinage. Du reste, ils n'observent qu'un très-petit nombre des préceptes du Korân, qu'ils ont altéré et interprété à leur manière.

Le jeûne, les ablutions, le pèlerinage de la Mecque, la prière même, ne sont pas pour eux des pratiques obligatoires; et on les voit manger et boire de tout ce qui est défendu par la loi musulmane. Ils ont surtout une grande passion pour le vin, avec lequel ils font des espèces de libations dans certaines fêtes qu'ils célèbrent une fois l'année. Des gens qui prétendent avoir été témoins oculaires de ces ridicules cérémonies, rapportent que les Nosaïris se rassemblent sous des rotondes, et que là, assis autour d'un grand bassin rempli de vin et couronné de bougies allumées, ils chantent des hymnes mystérieuses; s'embrassent ensuite les uns les autres, se lèvent tumultueusement et renversent le bassin pour ramasser et boire, dans le creux de leur main, la liqueur qu'ils ont répandue.

---

(18) *Ce surnom est donné par les Musulmans orthodoxes, aux Schias en général, ou partisans d'Ali.*

(19) *Ce* Suléïman, *natif de Perse et affranchi de Mahomet, est mis par les Musulmans au nombre de leurs saints. On prétend qu'il était originairement chrétien, et qu'il avait beaucoup voyagé. Les soins charitables qu'il prodiguait aux pauvres et son zèle pour la propagation de l'islamisme, depuis qu'il s'y était converti, le firent regarder comme le père des malheureux, et le plus ferme appui de la foi. Il mourut à* Madaïn, *l'an 35 de l'hégire; on voit encore aujourd'hui son tombeau près des ruines de cette ville, et dans le voisinage du monument connu sous le nom de* Tak-Kesra, *ou Voûte de Cosroès.*

Les Nosaïris ont aussi des sacrifices de propitiation; mais comme nous l'avons déjà observé, la prière n'est presque point en usage chez eux. Quelquefois, cependant, ils invoquent le nom de Dieu ou celui d'Ali, et saluent le soleil et la lune, lorsque ces astres se lèvent et se couchent. Il en est parmi eux (car ils sont divisés en plusieurs castes comme les Indiens) qui vouent un culte particulier à certains légumes ou à des quadrupèdes, ou enfin aux parties naturelles de la femme. Une autre de leurs coutumes, que nous ne devons pas omettre à cause de sa singularité, c'est que quand ils se trouvent assemblés pour célébrer quelque fête, le plus vieux d'entr'eux apporte une chèvre qu'ils se mettent à bercer pendant une couple d'heures dans une natte, puis ils lui arrachent le poil, l'égorgent et la mangent en maudissant les noms d'*Abou-bekr*, *Omar* et *Othman*.

Les Nosaïris sont infiniment supérieurs en nombre, en force et en richesses aux Ismaélis, leurs voisins, qu'ils détestent souverainement et ne cessent d'inquiéter par toutes sortes de déprédations et d'empiétemens de territoire. Au demeurant, moins gênés que ceux-ci dans l'exercice de leur religion, ils ont une grande quantité de chapelles et de lieux de pélerinage, à l'abri de toute insulte de la part des Turcs, qui n'oseraient pas les tourmenter au sein de leur propre pays. Au nombre de ces chapelles, ordinairement entourées de bosquets, est une petite rotonde où ils vont honorer, à certaines époques de l'année, la mâchoire d'un âne; vénération ridicule qui vient de ce qu'ils prétendent que ce fut cet animal qui mangea la feuille de *kolkas* (20) sur laquelle avaient été primitivement tracés les préceptes de leur religion.

La nation des Nosaïris est composée de plusieurs tribus; les plus remarquables sont celles de *Reslan*, de *Mélih* et de *Schemsi* (21); toutes étroitement unies par les liens du sang et de la religion. Ces différentes associations de familles qui vivent sous l'autorité d'un seul *Schéikh*, habitent la partie des montagnes de Semmak appelée *Safita*, du nom de leur bourg principal, situé à huit ou neuf lieues de Tripoly. C'est une ancienne forteresse entourée de plus de deux cent cinquante maisons, laquelle sert de résidence à ce Schéikh, qui jouit par droit d'hérédité des prérogatives attachées au titre qu'il porte. Il s'appelle *Sakr-il-mahfoudh*, est puissant, libéral, aimé de ses sujets et considéré par le gouvernement Turc, qui lui renouvelle chaque année sa patente d'investiture, moyennant les subsides convenus qu'il en reçoit.

Le pays des Nosaïris se divise en plusieurs districts; il est peu fertile en général, mais les habitans suppléent, par leur industrie, aux épargnes de la nature avare envers eux. Le moindre coin de terre susceptible de culture sur les rochers ou dans les campagnes, ne peut échapper à leur activité; ils y sèment ordinairement du blé, de l'orge, du maïs, du sésame, toutes sortes de légumes, et parviennent ainsi à le féconder à force de soins et de travail. Le fond des vallées se tapisse de vergers plantés de leurs mains la-

---

(20) *C'est une espèce de pomme de terre indigène de la Palestine, qui pousse de très-grandes feuilles oblongues et épaisses.*

(21) *Adorateurs du soleil.*

borieuses ; des pépinières de figuiers, de mûriers et d'orangers s'y mêlent agréablement, et des vignes abondantes couronnent les collines échauffées par les rayons du soleil. Le terroir produit, en outre, du coton, de la soie, des noix de galle, de la garance, de la soude et quelques autres drogues ou racines ; mais il ne nourrit que très-peu de bestiaux.

Les Nosaïris dépendent de quatre différens gouvernemens, autrefois séparés, mais aujourd'hui réunis sous la juridiction d'un même pacha. Ces gouvernemens sont ceux de Damas, Hamâ, Tripoly et Lattaquie, qui embrassent, pour ainsi dire, tout leur territoire. Ils possèdent plus de huit cents villages, situés les uns sur le penchant des montagnes et dans les vallons, les autres parmi les rochers, au milieu des bois ou dans les champs. Le schéïkh *Sakr-il-mahfoudh* a sur eux une autorité absolue, mais cette autorité n'est que temporelle. Un certain *Schéïkh-Khalil* gouverne leurs consciences, et jouit, sous ce rapport, des hommages religieux de la secte entière. Ce personnage, érigé depuis une quinzaine d'années en prophète, n'a ni résidence fixe, ni revenus assurés. Content de son pouvoir spirituel, il erre nuit et jour dans les villages et les campagnes, édifiant un peuple superstitieux et ignorant par ses sermons ridicules et ses saintes fourberies.

Les Nosaïris forment un peuple doux, actif, laborieux, méfiant envers les étrangers, et adonné aux arts mécaniques ; mais plongé dans les ténèbres de l'ignorance et de la superstition. Ils détestent les Musulmans, traitent d'extravagans et d'hérétiques les Ismaélis, et donnent aux Chrétiens qu'ils aiment, la préférence sur ces deux nations. On ne sait sur quoi est fondée cette préférence ; mais il est notoire que la plûpart des docteurs de l'Islamisme leur reprochent d'avoir emprunté des derniers le dogme de la divinité de J.-C., pour l'appliquer à la personne d'Ali. D'Herbelot qui parle fort vaguement de ces sectaires, fait la même remarque à l'article *Nossairioun* de sa Bibliothèque orientale.

Nous ajouterons que les Nosaïris aussi fortement attachés à leurs montagnes qu'à leur religion, ne s'expatrient que fort rarement et à moins d'une nécessité urgente ; surtout, lorsqu'ils ont besoin de se pourvoir de bestiaux, dont ils sont assez pauvres, ainsi que nous l'avons remarqué. Quant aux autres objets de consommation que la nature leur a refusé, ou dont ils manquent, faute d'aptitude à se les procurer par eux-mêmes, ils les achètent des Turcs et des Chrétiens, qui vont souvent chez eux pour en exporter de la soie, du coton, de l'huile et des fruits secs ; du reste, s'ils entreprennent quelquefois des voyages, ce n'est que pour se rendre à Tripoly, Hamâ ou Lattaquie, où ils trouvent de tout abondamment. Quoiqu'ils ayent soin alors de prendre les dehors de véritables Musulmans, l'avide surveillance de ceux-ci n'est pas toujours dupe de leur supercherie ; et s'ils viennent à être reconnus, les pachas ne manquent jamais de prétexte pour leur faire subir des avanies. Quand un des leurs est accusé de quelque crime réel ou supposé, ces mêmes pachas, habiles à profiter de leur superstition, le condamnent à être pendu ; genre de supplice excessivement redouté des Nosaïris, en raison de l'opinion qu'ils ont que l'âme, ne pouvant s'échapper par la bouche, s'expose à être souillée en prenant l'issue opposée. Pour épargner un pareil malheur à leur frère, ils obtiennent, à prix d'argent, qu'il soit empalé ; le malheureux expire alors, la conscience tranquille ; et l'avidité turque est satisfaite.

Le despotisme des pachas, la superstition, l'ignorance et une vie agreste n'ont point étouffé, dans l'ame des Nosaïris, tout sentiment d'indépendance et toute énergie ; plus d'une fois ils se sont révoltés contre le gouverneur de Tripoly, quand il a voulu agraver les impositions auxquelles ils sont taxés. Il n'y a pas long-tems que celui de Damas, sous prétexte de tirer vengeance des violences atroces qu'ils avaient exercées contre les Ismaélis dans l'invasion de Mesiade, les fit attaquer brusquement par l'élite de ses troupes ; mais ils se défendirent courageusement ; et les exploits de l'armée turque se bornèrent au pillage et à l'incendie de trois ou quatre de leurs villages.

Entourés de leurs montagnes qui sont autant de remparts élevés par la nature, et toujours prêts à s'armer pour la cause de leur religion, ces sectaires ne présentent aux Turcs aucun espoir de les détruire : ils ne laissent pas néanmoins de leur paraître soumis ; et pourvu qu'ils ne soient pas molestés aussi souvent par les pachas, peut-être ne chercheront-ils jamais à se soustraire entièrement à la domination ottomane.

F I N.

TABLE ALPHABÉTIQUE

DES MATIÈRES.

A.

ABAÏE, *manteau des Wahabis, page* 37.

Abdallah-Pacha, *gouverneur de Damas, et Émir-il-Hadje; se bat contre les Wahabis; sonde les dispositions de Seoûd,* 10; *à quelles conditions celui-ci lui permet d'entrer avec les pèlerins à la Mecque,* 11; *est réintégré dans ses titres et attributions,* 14.

Abdallah *fils de Seoûd, généralissime des Wahabis;* 42; *se révolte contre son père,* 46; *se reconcilie avec lui,* 47; *marche contre Imam-Hussein qu'il ne peut surprendre; extermine un grand nombre de familles de la tribu des Buaïdjes, et emmène le reste en esclavage, ib.; le plus jeune de ses frères dépouille une caravanne dans le désert,* 48; *il remplace son père dans le commandement de l'armée du Hedjaze; évacue la Mecque,* 49.

Abdallah *fils d'Afaïssan, ravage les environs de Bassora,* 34.

Abdallah-ibn-Raschid, *adjoint de Seoûd, contribue, par son intrépidité, à faire remporter à celui-ci une victoire mémorable sur les Arabes Meziné,* 31; *est nommé gouverneur du Kacim, ib.*

Abd-il-Aziz, *succède à son père Ibn-Seoûd, prince des Wahabis; son système de guerre; presque tout l'Arabestan reconnaît ses lois; ses moyens d'agrandissement,* 5; *sa fin tragique,* 12. — *Nouveaux renseignemens à son sujet; il envahit le Kacim,* 28; *taille en pièces, proche de Nedjeran, une bande d'Arabes du Yémen,* 29, 30; *est complètement battu par ces mêmes Arabes sur le territoire de Haïr, ib. Perd ses trois frères dans l'action; son découragement; est accusé de pusillanimité par Scheikh-Muhammed, ib; soumet les Arabes Mottayar, et fait périr un grand nombre de ceux de la tribu de Murra,* 30; *dompte celle d'Adjman; prend d'assaut, Hereïmlé; punit les habitans de Yamama, qui s'étaient révoltés; bat les Arabes Sabî et les taxe à une amende considérable; remporte, sur la tribu de Beni-Khaled une victoire signalée à Dehné, la dépouille de ses biens, et lui laisse pour gouverneur un de ses parens; confie le commandement des armées à son fils Seoûd, et ne quitte plus Dréë;* 31.

Abd-il-Maïn, *son frère Ghaleb usurpe sur lui le schérifat;* 10; *est rétabli dans cette dignité par Seoûd,* 11.

Abd-il-Wahab, *père du fondateur de la secte des Wahabis, à laquelle son nom est resté,* 1, 3, 27; *son fils lui reproche de se livrer à l'usure et aux autres pratiques de l'avarice,* 27.

Abou-Mesmar, *commandant de la province du Yémen,* 21.

Abou-Nokta, *autre commandant de la même province, ib.*

Aboul-Kacem-ben-abd-il-Mélik, *disciple de Maimoun-il-Kaddah; porte dans le Yémen les dogmes des Ismaélis,* 53, n. 5; *est chassé de cette province par les musulmans, ib.*

Adhed-lé-din-ollah, *prince de la dynastie Ismaléienne d'Égypte,* 53.

Adwé, *petite rivière du Nedjede*, 33, n. 26; *Seoûd gagne, sur ses bords une bataille*, 33.
Ahl-il-Herfé, *classe des artisans chez les Wahabis*, 8.
Aïnié, *gros bourg du Dréïé où Scheikh-Muhammed commença à prêcher sa doctrine*, 27.
Akal, *mouchoir dont les Wahabis se ceignent le front*, 37.
Alamout (château d'), *résidence des princes Karmates*, 53 et n. 6.
Ali-el-zoghbi, *v. Khedrewi*.
Ali-ibn-el-fadhl, *concourt avec Aboul-kacem-ibn-abd-il-mélik à propager dans le Yémen les dogmes des Ismaélis*, 53, n. 5; *est chassé de cette province par les musulmans*, ib.
Ali-Pacha, *de Bagdad, marche contre le Dréïé, et échoue dans cette expédition par la trahison d'un chef Arabe (il n'était alors que kiaya, ou lieutenant de Suléïman Pacha)*, 9. *En entreprend une seconde*, 13; *est obligé de la suspendre pour se préparer à la guerre de Perse*, 14; *établit son camp à Hilla pour observer les mouvemens des sectaires*, 15.
Ana, *ville des bords de l'Euphrate, pillée par les Wahabis*, 17.
Anazés (tribus des) *plie sous l'autorité de Seoûd*, 3.
Arabe (jeune) *qui s'érige en prophète, et prétend renverser le Wahabisme pour établir sur ses ruines les dogmes d'une nouvelle religion*, 47; *meurt empoisonné par les émissaires de Seoûd*, ib., n. 39.
Aredh, *bourgade du Kacim, prise par Abd-il-Aziz*, 29.
Arka, *se soumet à Scheikh-Muhammed*, 28.
Assassins, *surnom des Ismaélis; son étymologie*, 54 et n. 8.
Atoubs (tribus des), *plie sous l'autorité de Seoûd*, 3.

B.

Baboudjes, *pantoufles des Wahabis*, page 37.
Bahréin, *passe sous la domination des Wahabis*, 13; *les Anglais leur en demandent la cession*, 22. — *Révolte de ses habitans*, 49.
Barghasche, *ancien frère d'arme d'Abd-il-Aziz, entre dans l'Irak et dépouille la tribu de Módjal*, 34.
Batenis, *dénomination sous laquelle on comprend les Ismaélis et les Nosaïris; ce qu'elle signifie*, 5, et note *.
Bayrak, *drapeau des Wahabis*, 41.
Bayrakdar, *porte-drapeau chez les Wahabis*, 41.
Bedjéïri, *faubourg de Dréïé*, 26.
Bedous, *arabes nomades*, 5.
Bedr, *Tawsan-Pacha y transporte son quartier-général*, 48; *est évacué par ce général; retombe en son pouvoir*, 49.
Béit-il-Schâr, *tente des Wahabis*, 38; *sa description*, ib., n. 33.
Béni-Khaled, *tribu arabe vaincue par Seoûd*, 32.
Béridé, *bourgade du Kacim*, 31.
Bezim, *ceinture des Wahabis*, 37, n. 27.
Bischete, *casaque des Wahabis*, 37.
Bouardis, *piétons armés de fusil chez les Wahabis*, 41, n. 36.

C.

Chameaux arabes, *n'ont point les formes aussi massives et lourdes que ceux de l'Anatolie et de la Perse; leurs différentes races*, 43.

Chevaux arabes, 43; leurs formes; ce qui fait leur beauté aux yeux des habitans du désert; leurs excellentes qualités; leurs marques disgracieuses; leurs différentes races, 44; modèle des certificats qui se dressent pour constater leur noblesse; assertions erronées de M. Seetzen à leur sujet, 45.

D.

Dak, procédé employé par les femmes Arabes, pour se peindre en bleu certaines parties du corps; prohibé chez les Wahabis, 37, et n. 30.

Damas, investi par les Wahabis; Guendje-youssuf-Pacha met cette ville à l'abri de leurs terribles atteintes par sa prévoyance et ses sages mesures, 18.

Deffé, casaque des femmes Wahabiennes, 37.

Dehamesché, tribu arabe réduite à l'obéissance par Hodjaïlan, 32.

Dehham-ibn-Déwas, ancien gouverneur de Riadh; se ligue avec Ibn-Hermel, et l'émir de Lahsa, contre Scheikh-Muhammed; fond à plusieurs reprises sur le Dréïé et en est toujours repoussé par les Wahabis, 31.

Dehné, lieu aride où Abd-il-Aziz gagne une bataille sur les Beni-Khaleds, 31.

Déïr, village des bords de l'Euphrate, où les Wahabis veulent construire un fort, 16.

Delouls, dromadaires, 30, 43.

Demmam, tambour des Wahabis, 41.

Deréïbi, gouverneur de Khaïbar, bat la horde de Djohéïné, 34.

Désert (aspect du) 42; animaux qu'il nourrit, 43.

Desmalé, mouchoir de tête des Wahabis, 37.

Djâfar-il-Sadek, père du fondateur de la secte des Ismaëlis, sixième imam des Schias, 51, et n. 1; auteur d'un livre sur les sorts et du fameux Djefr; époque de sa mort, ib.

Djâmas, légions Wahabiennes, 4.

Djaüf, district du Nedjede, 32; Seoüd décide qu'Ibn-Dâre et Ibn-Sarrah en partageront le gouvernement, 34; ravagé par Haïdal, ib.

Djeheïlé, ouvre ses portes à Scheikh-Muhammed, 28.

Djebel-Schammar, province du Nedjede, envahie par Hodjaïlan, 32.

Djedidé (défilés de) occupés par les Wahabis et que Tawsan-Pacha ne peut forcer d'abord, 48; mais dont il se rend maître ensuite, 49.

Djefr, peau de gazelle revêtue de caractères mystérieux, 51, n. 1.

Djerbés (tribu des), a déserté les drapeaux de Seoüd pour se ranger sous ceux d'Ali-Pacha; son chef Farès doit servir de guide à la nouvelle expédition de ce visir, contre le Dréïé, 13 et n. 7.

Djidda, bien fortifié, résiste aux Wahabis, 11; leur ouvre ses portes, 14; recouvre son indépendance, 49.

Djivacems, leurs corsaires attaquent, dans le golfe persique, l'imam de Mascate, qui meurt atteint d'un boulet de canon, 13; pays qu'ils occupent; expédition des Anglais contr'eux, 20; leurs habitations saccagées, brûlées, etc., 21.

Djohéïné (horde de), battue par Deréïbi, 34.

Dowlé (arabes), battus par Hodjaïlan, 34.

Dréïé, province et ville de l'empire Wahabien; résidence de Seoüd, 2, 4; Ali-Pacha échoue dans son expédition contr'elle, sa situation; nombre de ses maisons; ses faubourgs, 26.

E.

Émir, *titre que porte le prince des Wahabis*, 3.
Émir-il-Hadje, *titre du conducteur de la caravanne des pélerins*, 10.

F.

Fares, *v. Djerbés*.
Faridje, *remporte plusieurs victoires signalées sur les tribus du Hedjaze*, 34.
Fatemié, *dynastie Ismaélienne d'Égypte*, 53.
Fedâns (les arabes), *dispersent un corps de Wahabis près d'Alep*, 20.
Feudara, *village des Ismaélis*, 57.
Fulh, *classe des laboureurs chez les Wahabis*, 8.

G.

Ghadfa, *mouchoir de tête des femmes Wahabiennes*, 37.
Ghaleb, *schérif de la Mecque, battu par les Wahabis; réclame l'intervention d'Abdallah - Pacha, pour se reconcilier avec Seoud*, 10; *se refugie à Djidda*, 11; *réinstallé dans le schérifat*, ib.; *attaqué par l'émir Sekban, dans Taïf*, 34.
Ghazou, *Wahabis en maraude*, 8, 29 et n. 21.
Gudlé, *toupet de cheveux que portent les Wahabis sur le front*, 37.
Guendje-youssuf-Pacha, *gouverneur de Damas, trompe les Wahabis par de fausses démonstrations et se prémunit contre leurs desseins hostiles*, 18; *marche à leur rencontre*, 21; *est déposé*, 22.

H.

Hadaris, *classe de Wahabis qui habitent les villes*, 5.
Hadjis, *ou pélerins de la Mecque, n'entrent dans cette ville qu'à condition de n'y rester que trois jours*, 10, 11; *accomplissent de nouveau leur pieux devoir, en éprouvant toutes sortes de violences de la part des Wahabis*, 14; *leur caravanne pillée à deux reprises par ces sectaires*, 15, 16; *celle-ci n'ose plus se mettre en marche; les Wahabis offrent de l'escorter eux - mêmes; la taxent à une forte somme, et la molestent encore*, ib.
Haidhal, *général Wahabien, ravage le Djauf*, 34.
Haïr, *les arabes de Nedjran y gagnent une grande bataille sur les Wahabis*, 30.
Harb, *soumis par Muhammed-ibn-Abdallah*, 34.
Haschichet-il-Fokara, *feuille du chanvre dont le nom est resté aux Ismaélis à cause de l'usage immodéré qu'ils en faisaient en guise d'opium*, 54, n. 8.
Hassan, *général Wahabien, remporte plusieurs victoires sur les tribus du Hedjaze*, 34.
Hassan-ibn-Sabbah, *chef de la dynastie des Karmates, s'établit dans le château d'Alamout, et fait trembler, par ses décrets sanglans, les souverains de l'Asie*, 53.
Hefouf, *petite ville proche de Lahsa*, 33.
Helalié, *bourgade du Kacim, prise par Abd-il-Aziz*, 29.
Henna, *plante d'Arabie*, 38.
Hereïmle, *village du Nedjede, où naquit le fondateur de la secte des Wahabis*, 27.

Hermé, *ville du Kacim prise par Abd-il-Aziz*, 29.
Hezam, *ceinture des Wahabis*, 37.
Hodjaïlan, *général Wahabien, envahit le Djebel-Schammar et réduit à l'obéissance les tribus de Scherara et Dehameschè*, 32; *soumet les arabes Ttowlé; entrave la marche de la caravanne de la Mecque; bat les Arabes Mottayar*, 34; *est repoussé avec perte par Tawsan-Pacha, qu'il attaque dans son camp de Yambó*, 39.
Horan (territoire de), *à 18 lieues S.-O. de Damas*, 21.
Horra, *district du Nedjede*, 32.
Husséiniés, *Arabes de Schefata, sont obligés de livrer leurs bestiaux aux Wahabis*, 20.

I.

Ibn-Afaïssan, *commandant du Khardje, bat les Béni-Husseins; attaque inutilement Koueit*, 33; *est obligé de quitter Lahsa, dont les habitans se déclarent pour les trois fils rebelles de Seoud*, 46.
Ibn-Dâre, *en guerre avec Ibn-Sarrah, sur lequel il veut s'emparer du Djauf*, 34.
Ibn-Djebara, *se sauve de Yambó, qui tombe au pouvoir des Turcs*, 47; *rejoint Seoud*, 48.
Ibn-Dewas, *gouverneur de Helalié et Aredh; Abd-il-Aziz lui enlève ces deux bourgades*, 29.
Ibn-Harmel, *dépossédé par Abd-il-Aziz de ses états du Khardje; se joint à Dehham pour attaquer l'émir; échoue dans son entreprise*, 31.
Ibn-Modian, *général Wahabien, marche contre Médine*, 11.
Ibn-Mokal, *gouverneur de Sehóra, extermine une tribu rebelle; tente de surprendre Zobeïr*, 34.
Ibn-Moldjem, *fondateur de la secte des Nosaïris*, 58.
Ibn-Mómar, *gouverneur d'Ainië; Scheikh-Muhammed épouse sa sœur, et le tue quelque tems après*, 29.
Ibn-Muzawar, *enlève les chameaux des Arabes Sabt*, 34.
Ibn-Sarrah, *v. Ibn-Dâre.*
Ibn-Schédid, *général Wahabien, se range du parti des Turcs, et y entraîne, par son exemple, plusieurs tribus mécontentes; porte les clefs de Médine au vice-roi d'Egypte*, 48, 49.
Ibn-Seoud, *prince du Dréïé et de Lahsa, accueille Scheik-Muhammed*, 2; *son portrait; ses vues ambitieuses; régénère sa tribu; commencement de sa puissance; partage l'autorité avec le susdit Scheikh*, 3; *débute dans la carrière des conquêtes; comment il dresse ses soldats; termes dans lesquels il les harangue*, 4; *sa mort*, 5.
Imam, *titre que prend Scheikh-Muhammed, fondateur de la secte de Wahabis*, 3; *sa signification*, 52, n. 2.
Imam de Mascate, *devient vassal de Seoud; veut recouvrer son indépendance; sa mort*, 13; *son successeur se prépare à envahir le pays de Lahsa*, 50.
Imam-Ali, *attaqué par les Wahabis*, 15; *ces sectaires tentent encore de le surprendre*, 19.
Imam-Hussein, *saccagé par les Wahabis*, 9; *a reçu son nom du fils d'Ali qui s'y trouve enterré; renfermait des richesses immenses*, ib., n. 4; *les sectaires l'attaquent de nouveau et en sont repoussés par les habitans*, 15.

Imamât, *dignité d'imam*, 52, n. 2.
Ismaël, *fondateur de la secte des Ismaélis*, 51.
Ismaélié, *secte des Ismaélis*, 52.
Ismaélis, *habitent dans les montagnes de Semmak; connus par les historiens orientaux sous le nom de Batenis ; ont pour fondateur Ismaël, fils aîné de Djâfar*, 51 ; *se rendent redoutables aux Khalifs*, 52 ; *établissent des dynasties dans l'Irak, le Yémen et en Egypte*, 53 *et* n. 5 ; *exterminés en grande partie par Holakou* ; *on en retrouve quelques restes en Perse et dans l'Inde* ; *ceux de Syrie sont originaires d'Egypte*, 54, 55 ; *leurs dogmes religieux* ib. ; *se divisent en deux classes*, 56 ; *croyent à la divinité d'Ali* ; *admettent la lumière pour principe universel des choses créées*, ib. ; *leur dissimulation en matière de religion*, ib. ; *se disent Séids, ou descendant du Prophète*, ib., n. 11 ; *dépendent du gouvernement de Hamâ* ; *fertilité de leur territoire* ; *chassent les Nosaïris de Mesiad, et s'établissent dans cette place*, 57 ; *leur émir y est tué par les émissaires de ceux-ci* ; *un grand nombre d'entr'eux périt assassiné dans les rues* ; *sont obligés de jurer, pour l'avenir, obéissance et soumission à leurs ennemis* ; *le gouverneur de Hamâ les fait rentrer en possession de Mesiad* ; *sont aujourd'hui pauvres et misérables*, 58.

K.

Kâba (la), *révérée par les Wahabis, qui la dépouillent cependant de ses ornemens*, 7.
Kacim, *province du Nedjede, conquise par Seoûd*, 31.
Kadi, *pontife suprême des Wahabis*, 42.
Kaffié, *mouchoir de tête des Wahabis*, 37.
Kahtan (Arabes), *Sahban s'allie à eux pour faire rentrer la Mecque et Médine sous l'obéissance de Seoûd*, 34.
Kalamous, *forteresse occupée par les Ismaélis*, 57.
Karaïn, *bourgade du Waschim, se soumet à Schéckh-Muhammed*, 28.
Karé, *montagne de Lahsa*, 31.
Karmates, *quelques historiens les distinguent des Ismaélis ; remarques à leur sujet*, 52, *et* n. 3 ; *titre que portaient leurs princes*, 53, n. 7.
Kehk, *v. Schah-Khalil-ollah*.
Kérin, *village du territoire de Médine, pris par les Wahabis*, 11.
Keroun, *tresses de cheveux chez les Wahabis*, 37.
Khalkhal, *ornement des femmes Wahabiennes*, 37.
Kardje (le) *canton du Nedjede ; les Wahabis le ravagent*, 28 ; *Ibn-Hermel en est dépossédé par Abd-il-Aziz*, 31. *Ibn-Afaïssan y commande*, 33.
Khardje (il), *favori de Seoûd*, 42.
Khatem, *bague des femmes Wahabiennes*, 37.
Khatib, *espèce de notaires chez les Wahabis*, 40.
Khazaels, *leur tribu soumise au pacha de Bagdad*, 15.
Khedréwis, *classe d'Ismaélis*, 56, *et* n. 13 ; *leur chef Émir-Ali-el-Zoghbi ; a succédé à Mustaf-Edris*, ib.
Khezam, *anneau d'or que les femmes Wahabiennes portent pendu au nez*, 37.
Khour, *montagne dont les deux chaînes embrassent le territoire de Dréïé*, 26.

Kohl, *préparation de tutie*, 38, n. 31.
Kolkas, *espèce de pomme de terre indigène de la Palestine ; les Ismaélis croyent que les préceptes de leur religion furent primitivement tracés sur une feuille de cette plante*; 60, et n. 20.
Kouëit, *attaqué par Asaissan*, 33.

L.

Lahsa, *province et ville de l'Arabie supérieure*, 2 et n. 1 ; *prise par Touëini*, 31 ; *tombe au pouvoir de Seoûd*, 37 ; *sa situation ; production de son terroir*, ib.

M.

Mahbas, *v. Khatem.*
Maimoun-il-Kaddah, *fameux astrologue*, 53, n. 5.
Mahmel, *les Wahabis s'en emparent*, 14.
Mardoufa, *deux soldats Wahabis montés sur un chameau*, 5.
Marok (l'empereur de), *se dispose à faire marcher une armée auxiliaire contre les villes saintes*, 46.
Mascate, *passe sous la domination de Seoûd*, 13.
Meçak, *bracelet des femmes Wahabiennes*, 37.
Mecque (la), *tombe au pouvoir de Seoûd ; est dépouillée de ses richesses par cet émir qui démolit en même-tems tous les monumens religieux qu'elle renferme*, 11, 33 ; *secoue momentanément son joug*, 11 ; *est reprise par lui*, 14 ; *l'armée d'Egypte s'en empare sur les Wahabis*, 49.
Médine, *tentative infructueuse des Wahabis contre cette ville*, 11 ; *elle tombe en leur pouvoir*, 14, 33. — *Schéikh-Muhammed n'avait pu en convertir les habitans*, 28 ; *Tawsân-Pacha s'en rend maître*, 49.
Mehdi, *titre décerné, par le fanatisme populaire, au fondateur de la dynastie Ismaélienne d'Egypte*, 53.
Mekké, *c'est la Mecque*, 2 ; *v. ce mot.*
Melahedés, *épithète donnée en Perse aux Ismaélis*, 52, n. 4.
Melih, *une des tribus qui composent la secte des Nosaïris*, 60.
Mesiad, *chef-lieu du pays des Ismaélis*, 56 ; *enlevé par ces sectaires aux Nosaïris*, 57 ; *ceux-ci le reprennent et en sont dépossédés encore*, ib.
Meziné, *tribu Arabe, vaincue par Seoûd*, 31.
Mobarrez, *petite ville proche de Lahsa*, 33.
Modaïfi, *s'oppose à l'entrée des pèlerins à la Mecque*, 34 ; *est repoussé avec perte par Tawsân-Pacha qu'il attaque dans son camp de Yambô*, 49 ; *battu par Mustafa-Beg*, ib.
Modjal (tribu de), *dépouillée par Barghasche*, 34.
Mohr, *dot des femmes Wahabiennes*, 40.
Mottawé, *espèce de notaire chez les Wahabis*, 40.
Mottayar (tribu de), *battue et dépouillée par Hodjeïlan*, 34.
Mousa, *désigné pour remplacer Ismaël dans l'imamat*, 52.
Mudjawel, *bracelets de verre chez les femmes Wahabiennes*, 37, n. 28.
Muhammed-Abou-Obéid-Ollah, *fondateur de la dynastie Ismaélienne d'Egypte, surnommé Mehdi*, 53.
Muhammed-Ali-Pacha, *vice-roi d'Egypte, fait les préparatifs d'une expédition contre la Mecque et Médine*, 46.

Muhammed (Schéikh), *fondateur de la secte des Wahabis* V. *Schéikh-Muhammed.*
Mukaddem, *vedette chez les Wahabis*, 41.
Muntefiks, *battent les Wahabis près de Souk-il-Schioukh*, 20.
Murra (tribu de), *réduite par Schéikh-Muhammed*, 28; *Abd-il-Aziz remporte sur elle plusieurs avantages*, 30.
Muscharraf, *chef Arabe, ravage les environs de Bassora*, 34.
Muschrekin, *épithète que les Wahabis donnent aux Musulmans*, 28, n. 18.
Mustafa-Edris, *chef des Khedréwis*, 56, *assasiné par les Nosaïris*, 58.
Mustafa-Beg, *amène des renforts à Tawsan-Pacha*, 48; *met en fuite Il-Modaïfi*, 49.

N.

Nasser-ibn-Ibrahim, *gouverneur de Hermé, dont il est dépossédé par Abd-il-Aziz*, 29.
Néals, *sandales des Wahabis*, 3, 7.
Nedjedis (tribu des), *à laquelle appartient le fondateur de la secte des Wahabis*, 1.
Nedjran, *province d'Arabie, que Schéikh-Muhammed envahit et quitte ensuite avec une perte de douze cents hommes*, 28; *ville frontière de la même province, où Abd-il-Aziz défait une bande de Ghazou*, 30; *Suleiman-ibn-Madjed y étouffe des mouvemens de sédition*, 34.
Nosaïris, *habitent dans les montagnes de Semmak; compris par les historiens orientaux sous la dénomination de Batenis*, 51; *sont chassés de Mesiad par les Ismaëlis; reprennent cette place sur ces derniers, dont ils font un massacre épouvantable dans les rues, après avoir tué leur émir; le gouverneur de Hama les en dépossède à son tour*, 58; *leur secte, formée d'un ramas de gens sans aveu et adonnés à tous les vices, eut pour chef Ibn-Muldjem*, 58; *étymologie de leur nom*, 59; *épithète qu'ils portent; leurs dogmes, dont le premier est la divinité d'Ali; leurs mœurs dissolues; ils suivent presqu'aucun précepte de la religion musulmane; leurs cérémonies bizarres et ridicules*, ib. et 60. *Supérieurs en nombre et en richesses aux Ismaëlis qu'ils détestent; leurs lieux de pélerinage; sont partagés en plusieurs tribus; leur pays est peu fertile*, ib.; *dépendent de quatre différens gouvernemens; leur caractère national; trafiquent avec les Turcs et les Chrétiens; aiment mieux être empalés que pendus; leur idée singulière à ce sujet*, 61; *sont jaloux de leur indépendance, et savent résister aux Pachas quand ils en sont vexés*, 62.

O.

Omman (l'), *passe sous la domination des Wahabis*, 13; *envahi par Salem, un des généraux de Seoud*, 34.
Oschr, *dîme perçue par Seoud sur les biens de ses sujets*, 42.

R.

Racicé, *bourgade du Waschim, se soumet à Schéikh-Muhammed*, 28.
Ras, *bourgade du Kacim*, 31.

Ras-il-Khaimé, *pays des Djivacems, saccagé par les Anglais*, 21.
Rawdha, *petite rivière du Nedjede*, 33.
Rebab, *instrument de musique des Wahabis*, 38.
Rekab, *gens de guerre chez les Wahabis*, 27.
Redwé, *lieu de dévotion chez les Ismaëlis*, 56.
Reslans, *famille de la secte des Nosaïris, chassée de Mésiad par les Ismaëlis*, 57.
Rumh, *lance des Wahabis*, 40.

S.

Sahi (Arabes), *se rangent sous les drapeaux d'Abd-il-Aziz et lui offrent des subsides*, 29; *se révoltent contre lui, et en sont punis*, 31; *Ibn-Muzawar enlève leurs chameaux*, 34.
Sadoun, *émir de Lahsa, marche contre Dreïe*, 28.
Saferra, *tombe au pouvoir des Turcs*, 49.
Safita, *chef-lieu du pays des Nosaïris*, 60.
Saffa, *contrée du Nedjede, où Seoud remporte une grande victoire sur les Béni-Khaleds*, 32.
Sahoud, *fort construit par Seoud à Lahsa*, 33, n. 24.
Sakr-il-Mahfoudh, *Scheïkh actuel des Nosaïris; ses qualités; reçoit l'investiture du gouvernement de Tripoly*, 60.
Salaheddin, *rétablit l'autorité des Khalifs en Egypte*, 53.
Salem, *général Wahabien, envahit l'Omman*, 34.
Schah-Khalil-ollah, *pontife actuel des Ismaëlis de Perse, établi à Kehke, village du territoire de Kóm; porte le titre de Seïd-Kehki et de Khalif*, 54.
Schâra, *montagne du pays des Ismaëlis*, 57.
Schârié, *place frontière du Kacim*, 32.
Schebrié, *poignard des Wahabis*, 37.
Schefata, *habité par les Arabes-Husséinis*, 19.
Scheïkh, *chef spirituel, saint, gouverneur, prince*, 28, n. 16.
Scheïkh-il-Djébel, *titre que portaient les princes des Karmates*, 53, n. 7.
Scheïkh-Muhammed, *fondateur de la secte des Wahabis; ses qualités*, 1; *s'érige en législateur; ses dogmes; trouve dans Ibn-Seoud le chef qu'il cherchait pour les accréditer et les répandre; proscrit avec sévérité les hommages rendus à Mahomet et aux autres Prophètes*, 2; *partage l'autorité avec l'émir du Dreïe; est comparé à Mahomet pour son ambition*, 3; *en quels termes il harangue ses prosélytes*, 4; *lieu de sa naissance; ses études; son début dans la carrière prophétique; quitte la maison paternelle; visite les principales villes de l'Arabie; est favorablement accueilli par Ibn-Seoud; commence ses campagnes*, 27; *bat le Scheïkh de Riadh, et s'empare de ses états; fait une excursion malheureuse dans le Nedjran, réduit les Arabes Murra; plusieurs bourgades lui ouvrent leurs portes; parcourt l'Irak; est humilié à Médine; retourne à son village natal*, 28; *le quitte de nouveau; épouse la sœur d'Ibn-Mómar; celui-ci, voulant l'arrêter pour le livrer au gouverneur de Lahsa, il se sauve, et va rejoindre Ibn-Seoud; attire son beau-frère dans une embuscade et lui coupe la tête; reproche à Abd-il-Aziz sa pusillanimité*, 30; *appaise, par des présens, les Arabes de Nedjran*, ib; *édifie, par ses discours et ses exemples, les habitans de Dreïe*, 31.
Scheïkh-Khalil, *chef spirituel des Nosaïris*.

Schemsi, une des tribus qui composent la secte des Nosaïris, 60.
Schérara, tribu Arabe réduite à l'obéissance par Hodjaïlan, 32.
Schérif, Schérifat; titre, dignité du gouverneur de la Mecque 10 et n. 5.
Schérif (le), entretient des intelligences secrettes avec l'armée d'Egypte; Seoud use de dissimulation à son égard et le charge des travaux relatifs à la défense des côtes de la mer rouge, 48; lève entièrement le masque, et va joindre, avec ses bâtimens, les Turcs à Yambô, 49.
Schias, en quoi ils diffèrent des Sunnis, 52.
Séids, descendans de Mahomet; le grand-père du fondateur de la secte des Wahabis était de cette race.
Séid-Kehki, v. Schah-Khalil-ollah.
Séif, sabre des Wahabis, 41.
Sémawat, bourgade des bords de l'Euphrate; résiste aux Wahabis, 15, 20.
Sekban, s'allie aux Arabes Kahtan; attaque le Schérif-Ghaleb dans Taïf, et fait rentrer les deux villes saintes, que ce chef avait excitées à la révolte, sous l'autorité de Seoud, 34.
Semmak (montagne de), habitée par les Nosaïris et les Ismaélis, 51.
Seoud, fils d'Abd-il-Aziz, marche contre le schérif Ghaleb à la tête de cent mille Wahabis, le bat et s'empare de Taïf; à quelles conditions il permet à Abdallah-Pacha d'entrer à la Mecque, 10; se rend maître de cette ville; y rétablit Abd-il-Maïn dans le schérifat; en démolit les chapelles et autres lieux de dévotion; enlève tous les objets précieux de la Kaba, 11; est obligé de retourner à Dréïé; succède à son père, 12; entame des relations avec la Perse; reçoit des présens de la part des Anglais, 19; somme les habitans de Bagdad de se convertir, ib.; tableau de ses possessions, 23, 24, 25; remarques particulières sur sa personne, sa famille et sa capitale, 25, 26. — Nommé par son père, qui renonce au fracas des armes, généralissime des armées Wahabiennes; envahit le Waschim; réduit les Arabes Amerés et achève de soumettre le Katim, 31; attaque les Beni-Khaled à Saffa, et leur tue deux mille hommes; se rend maître de Lahsa où il bâtit deux forts, 32; gagne une bataille à Adwé sur les Schammars et les Mottayars; fait la conquête de Médine et de la Mecque et transporte à Dréïé tous les bijoux précieux qu'il y trouve; s'empare de la ville de Turbé, 33; intervient dans la querelle d'Ibn-Dâre et Ibn-Sarrah, en décidant qu'ils partageront le gouvernement du Djaûf, 34; ses revenus; ses frères, ses femmes, ses enfans, 42; révolte de ces derniers, 46; sa réconciliation avec eux, 47; marche au secours de Médine et de la Mecque à la tête d'une armée de plus de cent mille hommes, ib.; fait des dispositions pour attaquer Tawsan-Pacha dans son camp retranché de Yambô, 48; retourne précipitamment à Dréïé pour se prémunir contre la révolte des habitans de Zebara et de Bahreïn, et tenir en respect l'imam de Mascate leur allié, 49.
Serran, village du territoire de la Mecque, pris par les Wahabis, 11.
Souéidanis, classe d'Ismaélis, 56; elle habite le village de Feudara, 57; étymologie de ce nom, ib., n. 17.
Suléiman, ayeul du fondateur de la secte des Wahabis; songe qu'il fait, 1.
Suléiman-Pacha de Bagdad, successeur d'Ali-Pacha; menacé

d'être attaqué par Seoúd ; fait des préparatifs de défense, 19 ; chasse les Wahabis de devant Imam-Hussein, ib ; sa mort, 47.

Suléiman, fils de Sádoun et son successeur dans la principauté de Lahsa, 29, n. 20 ; se présente devant Dréïé, dont il renonce bientôt après à faire le siège, 30.

Suléiman - ibn - Madjed, nommé intendant des petites villes de Hefouf et Mobarrez, 33 ; rétablit l'ordre et la subordination dans le Nedjran révolté, 34.

Suléiman, chef des Soueïdanis, 57.

Suléiman-il-Farsi ; ce qu'il est aux yeux des Nosaïris, 59 ; son origine, ses actes de bienfaisance, sa mort, ib. n. 19.

Sunnis, en quoi ils diffèrent des Schias, 52.

Surbés, compagnies de cavalerie chez les Wahabis, 41, n. 36.

T.

Taïf, bourgade du territoire de la Mecque, prise par les Wahabis, 10 ; tombe au pouvoir de Tawsan-Pacha, 49.

Tâlimi, épithète donnée aux Ismaélis, par les musulmans orthodoxes, 52 et n. 4.

Tarméda, bourgade du Waschim, se soumet à Scheikh-Muhammed, 28.

Tawsan-Pacha, fils de Muhammed-Ali-Pacha, nommé généralissime de l'armée d'Egypte ; débarque à Yambó, 47 ; transfère son quartier-général à Bedr ; attaque les Wahabis dans les défilés de Djédidé ; y est blessé ; s'efforce inutilement de rallier ses troupes saisies d'une terreur panique ; retourne à Yambó, après avoir perdu sept canons et plus de douze cents hommes, 48 ; reçoit des renforts et se dispose à marcher sur Médine ; est attaqué à plusieurs reprises par les Wahabis, 49 ; s'empare de cette ville et en envoie les clefs à son père, ib. ; met le sceau à sa gloire par la prise de la Mecque, ib.

Tchawische, héraut - d'arme des Wahabis, 41.

Tefeng, fusil des Wahabis, 41.

Témim, horde Arabe dont les Nedjedis sont une branche, 1.

Teraki, pendans d'oreilles des femmes Wahabiennes, 37.

Teréif, faubourg de Dréïé, 26.

Toéik, montagne qui domine Dréïé, 26.

Touaf, lieu le plus sacré, sanctuaire de la Mecque, 11.

Touéini, chef des Muntefiks ; s'empare de Lahsa, 31 ; marche sur Dréïé avec quelques pièces de canons ; en est repoussé par les Wahabis, qui lui prennent son artillerie et ses bagages, 32.

Tribus (tableau des) soumis aux Wahabis, 6 ; elles se rattachent toutes à la horde des Anazés, ib. n. 3.

Turbé, ville à cinq journées de la Mecque, prise par Seoúd, 33.

V.

Wadi-Hanifé, ravin sur les bords duquel est situé Dréïé, 26.

Wahabis, ce qu'ils étaient il y a un demi - siècle ; leur puissance actuelle ; descendent des Karmates ; sont originaires du Yémen, 1 ; portent le nom du père de leur fondateur, 3 ; leur fanatisme ; regardent la mort qu'ils reçoivent dans les combats, comme un moyen assuré d'aller droit en paradis ; leur devise, 5 ; tableau des tribus qui leur sont soumises, 6 ; leur croyance ; refusent à

Mahomet la qualité de Prophète ; leurs mœurs ; leur frugalité ; leurs coutumes particulières ; égalité qui règne parmi eux ; leur complexion vigoureuse ; la pipe leur est défendue ; ne font usage du café que comme d'une drogue stomachique ; leur intolérance envers les musulmans ; traitent les chrétiens et les juifs avec plus de douceur, 7 ; leur intrépidité ; connaissances qui leur manquent pour devenir un peuple invincible ; se divisent en trois classes, 8 ; saccagent Imam-Hussein, 9 ; méditent la conquête de la Mecque ; prennent Taïf ; battent le Schérif-Ghaleb, 10 ; tentent de s'emparer de Djidda ; sont chassés par les Médinois de Kerin et de Serian, 11 ; donnent un assaut nocturne à Imam-Ali ; sont repoussés à Sémawat, et battus ensuite par les Khazaels, 15 ; veulent construire un fort à Déir 16 ; pillent Ana, 17 ; interdisent aux Hadjis le pèlerinage de la Mecque, et les dépouillent après les avoir pris sous leur sauve-garde, 18 ; traitent mieux ceux qui s'étaient dirigés par le golfe persique, échouent dans leur projet hostile contre Damas, ib. ; sont chassés de devant Imam-Hussein par les troupes de Bagdad, 19 ; s'approprient les bestiaux des Arabes de Schefata, 20 ; attaquent Sémawat : sont battus par les Muntefiks ; enlèvent, dans leur retraite, la riche récolte des dattes de Bassora ; deux de leurs divisions sont dispersées en Syrie ; paroles remarquables d'un de leurs chefs devenu prisonnier du pacha de Bagdad, à ce gouverneur, ib. ; leur puissance maritime dans le golfe persique ; les Anglais se décident à réprimer leurs pirateries, ib. ; un de leurs détachemens est taillé en pièces par les habitans de Zobeir : ils perdent quatre mille hommes dans une expédition vers les bords de la mer rouge, 21. — Nouveaux renseignemens sur ces sectaires, 27 ; ils fondent sur le Khardje, 28 ; battent Toueini et lui prennent son artillerie et tous ses bagages, 32. — Remarques particulières à leur sujet ; leur physionomie ; leur vue perçante ; finesse de leur odorat ; ils sont exempts de difformités naturelles ; la plupart d'entr'eux ont les cheveux crépus ; en quoi consistent leurs richesses ; égalité des conditions parmi eux ; motifs qui peuvent désunir leurs tribus ; leur manière de stipuler les conditions d'une réconciliation ; formule qu'ils prononcent en conséquence ; leur costume ; celui de leurs femmes ; occupations de ces dernières ; leurs divertissemens, etc., etc., 36, 37 ; traduction d'une de leurs historiettes, 39, 40. Comment ils prennent leurs repas ; pourquoi ne se lavent point après avoir mangé ; leurs mariages ; leurs enterremens ; leur coutume de juger les morts, 40. Armes dont ils se servent ; leurs cris de guerre ; leur façon de combattre ; ce que leur demandent leurs femmes, quand ils marchent à l'ennemi, 41 ; mettent en fuite les troupes Égyptiennes dans les défilés de Djedide, 48 ; sont battus à leur tour par Tawsan-Pacha, qu'ils attaquent dans son camp de Yambô, 49.

Waschim, province du Nedjede, 18 ; envahie par Seoüd, 31.

Y.

Yamama, village du Khardje, pris par les Wahabis, 28.
Yambô, tombe au pouvoir de Tawsan-Pacha, 47 ; ce général y fait creuser des puits, et en augmente les fortifications, 48.

Z.

Zebara, *passe sous la domination des Wahabis,* 13; *les Anglais leur en demandent la cession,* 22; *révolte de ses habitans,* 49.
Zeboun, *casaque des Wahabis,* 37.
Zehab et Zehbé, *munitions de bouche et de guerre des Wahabis,* 41.
Zemar, *flageolet des Wahabis,* 38.

Articles omis.

Daws, *chaloupes cannonières des Djiwacems,* 20.
Schamié, *partie supérieure du désert,* 42.

Fin de la Table des Matières.

A MARSEILLE,
De l'Imprimerie de GUION, rue d'Aubagne, n.º 6.

ERRATA.

Page 3, ligne 9, Ibh-Seoud ; *lisez* Ibn-Seoûd.
5 » 9, *Mettez un point d'interrogation à la fin de l'article*.
ib. » 42, Bedous ; *lisez* Bédouis.
7 » 12, n'ajoutent aucune foi ; *lisez* n'ont point de foi.
11 » 10, de la première et de Médine ; *lisez* de la première de ces places, ainsi que de Médine.
13 » 8, des villes, *lisez* des îles.
ib. » 9, Djiwassems ; *lisez* Djiwacems.
14 » 29, de la famine ; *lisez* de famine.
15 » 48, Semawat ; *lisez* Sémawat.
16 » 21, lui tombèrent dessus ; *lisez* tombèrent sur lui.
20 » 27, Bagdad ; *lisez* Bassora.
23 » 5, les renseignemens ; *lisez* des renseignemens.
27 » 11, Témim), avait ; *mettez un point au lieu de la virgule, et lisez* : Il avait.
ib. » 12, Sanâ. Il joignait ; *mettez une virgule au lieu du point, et lisez* : et joignait.
ib. » 26, reroches ; *lisez* reproches.
ib. » 41, Rekabs ; *lisez* Rekab.
28 » 17, Koran ; *lisez* Korân.
ib. » 34, l'Yrak ; *lisez* l'Irak.
29 » 38, les deux dernières ; *lisez* la dernière.
ib. » 45 Ghazous ; *lisez* Ghazou.
30 » 34, selennelle ; *lisez* solennelle.
ib. » 36, Ghazous ; *lisez* Ghazou.
31 » 28, vaincu ; *lisez* vaincue.
ib. » 50, co-adjuteur ; *lisez* adjudant.
32 » 9, Wahabien ; *lisez* Wahabiens.
33 » 9, Adwa ; *lisez* Adwé.
ib. » 32, Kardje ; *lisez* Khardje.
ib. » 35, esperait ; *lisez* espérait.
37 » 12, décharge ; *lisez* décharges.
40 » 8, et d'ailleurs je m'apperçois que mon affliction ; *lisez* et d'ailleurs mon affliction.
ib. » 20, beau ? hélas ! *séparez ces deux mots par un trait.*
42 » 21, il-Kardje ; *lisez* il-Khardje.
44 » 46, Dâjanié ; *lisez* Dâdjanié.
51 » 5, continue ; *lisez* continue.
53 » 11, Medhi ; *lisez* Mehdi.
ib. » 5, (*de la note*), Arabes ; *lisez* Arabe.
54 » 29, s'appèlent ; *lisez* l'appelent.
55 » 24, Scheik ; *lisez* Schéikh.
57 » 3, ou dépose ; *lisez* et dépose.
59 » 9, Toute Puissance ; *joignez ces deux mots par un trait d'union.*
64 » 38, Bedous ; *lisez* Bedouis.

www.ingramcontent.com/pod-product-compliance
Lightning Source LLC
LaVergne TN
LVHW021000090426
835512LV00009B/1992